煤炭企业
全面预算管理

李强林

著

知识产权出版社
全国百佳图书出版单位

图书在版编目（CIP）数据

煤炭企业全面预算管理/李强林著. —北京：知识产权出版社，2019.9

ISBN 978 - 7 - 5130 - 6213 - 8

Ⅰ. ①煤…　Ⅱ. ①李…　Ⅲ. ①煤炭企业—工业企业管理—预算管理—研究—中国　Ⅳ. ①F426.21

中国版本图书馆 CIP 数据核字（2019）第 202977 号

责任编辑：荆成恭		责任校对：王　岩
封面设计：臧　磊		责任印制：孙婷婷

煤炭企业全面预算管理

李强林　著

出版发行：	知识产权出版社 有限责任公司	网　址：http://www.ipph.cn
社　　址：	北京市海淀区气象路 50 号院	邮　编：100081
责编电话：	010 - 82000860 转 8341	责编邮箱：jcggxj219@163.com
发行电话：	010 - 82000860 转 8101/8102	发行传真：010 - 82000893/82005070/82000270
印　　刷：	北京建宏印刷有限公司	经　销：各大网上书店、新华书店及相关专业书店
开　　本：	720mm×1000mm　1/16	印　张：9.75
版　　次：	2019 年 9 月第 1 版	印　次：2019 年 9 月第 1 次印刷
字　　数：	150 千字	定　价：49.00 元

ISBN 978 - 7 - 5130 - 6213 - 8

目 录

绪　论

陕西陕北矿业有限责任公司（以下简称"陕北矿业"或"公司"）是陕西煤业化工集团有限责任公司（以下简称"陕煤化集团"）的全资子公司，主要从事煤炭和煤化工产品的生产与销售，其前身是兰州军区后勤部陕北矿业管理局。20世纪80年代，在神府矿区开发的热潮中，中国人民解放军某集团军各部先后派员参加了韩家湾煤矿、大哈拉煤矿等矿井的筹建，为以后陕北矿业的组建奠定了基础。随后，在陕西省人民政府、华能精煤公司的大力支持下，兰州军区后勤部陕北矿业管理局于1988年获得了韩家湾井田的开采权，并于当年组建了韩家湾煤炭公司。多年来，经过艰苦创业和精心经营，陕北矿业管理局为当地经济和社会发展做出了很大的贡献。截至1998年12月，陕北矿业管理局累计向国家和当地政府缴纳各种税费以及向有关管理部门上缴利润近亿元，并先后自筹资金4000多万元投入矿井基本建设。

1998年12月，陕北矿业管理局整体移交给陕西省经贸委，2002年转入陕西省煤炭工业局，2004年2月又整体加入陕西煤业集团有限责任公司，2005年7月改制为陕西陕北矿业有限责任公司。2008年底，根据陕煤化集团关于煤业板块上市的整体安排部署，陕西陕北矿业有限责任公司分立为陕西陕煤陕北矿业有限公司和陕西陕北矿业有限责任公司。目前，这两个公司实行的是两套班子、一套人马。因此，本书为了论述方便，把两个公司统称为陕北矿业，其全面预算管理涵盖了两个公司。

"梅花香自苦寒来"，20多年来，陕北矿业从小到大，从部队分散独立管理、部队集中归口管理、"军转企业"地方管理到并入陕西煤业集团（2006年6月1日重组为陕煤化集团）。特别是从2009年以来，昔日的部队所办"小矿"变成"西部煤炭航母❶"麾下主力"大矿",被称为"陕煤进军榆林能源基地的桥头堡"。在发展布局上,陕北矿业实现了由韩家湾煤炭公司"一枝独秀"到"五朵金花"的成功转变,在项目建设上实现了安山煤矿试生产到达标达产的华丽转身,在多元发展上实现了由快速平稳收购陕西陕北基泰能源化工有限公司股权到成立并运营陕西陕北乾元能源化工有限公司的平稳过渡,在原煤生产上实现了由一个主力生产矿井到两个主力矿井的产能提升;在专业化发展布局上,形成了"煤炭生产、煤炭洗选、煤化工、生产服务、煤炭销售"协同发展态势。

——韩家湾煤炭公司(以下简称"韩家湾煤矿")位于陕西省陕北神府煤田最北部的神木县大柳塔镇,矿井由中国人民解放军某集团军于1988年创建,1994年划归兰州军区后勤部陕北矿业管理局,1998年随陕北矿业管理局整体移交给陕西省人民政府。2006年,因陕北矿业管理局进行了公司制改造,韩家湾煤炭公司更名为陕北矿业公司韩家湾煤矿,2008年12月进一步改制为公司制企业,并更名为陕西陕北矿业韩家湾煤炭有限公司。

韩家湾煤矿井田毗邻神东矿区,北邻石圪台井田,南连哈拉沟(前石畔)井田,东以陕西省和内蒙古自治区的省际边界为界,西接神木县糖浆渠二矿。井田东西长约 4.7 ~ 5.1km,南北约 2.1 ~ 3.0km,面积约为 12.44km²,可采煤层为 1^{-2} 上、1^{-2}、2^{-2}、3^{-1}、4^{-2} 煤层,现主采煤层为 2^{-2} 煤,煤层平均厚度4.2m。韩家湾煤矿煤炭储量比较丰富,截至2014年底,矿井剩余地质储量约为1.0亿万吨,可采储量约为6000万吨。韩家湾煤矿煤层埋藏较浅,所采煤炭为长焰煤、不粘煤,煤质具有"三高、三低"的特点,即高发热量、高挥发分、高化学活性,低灰、低硫、低磷,非常适宜气化和动力用煤、低温干馏用煤。矿井属低瓦斯矿井,煤层自然发火倾向为2类。韩家湾煤矿采用四条斜井开拓井田,通风方式为中央并列式通风,主扇设备型号为 FBCDZ – 8N024(Ⅲ)型隔爆对旋轴流风机。

---

❶ 2014年1月8日,陕西煤业股份有限公司成为煤炭资源大省陕西省首家IPO上市的煤炭企业。陕西煤业股份有限公司是陕煤化集团唯一的煤炭业务上市平台,其煤炭地质储量和可采储量在国内已上市煤炭企业中仅次于中国神华能源股份有限公司与中国中煤能源股份有限公司,被誉为西部煤炭航母或西部能源航母。

——陕西涌鑫矿业有限责任公司（以下简称"涌鑫矿业"）成立于
2007 年 1 月，是由陕北矿业、府谷国有资产运营公司等四家股东共同出资
组建的股份制企业。涌鑫矿业位于府谷县庙沟门镇境内，负责勘探、开
发、建设府谷县庙沟门和哈镇—孤山两个勘查区（以下简称"庙哈孤矿
区"）的煤炭资源。涌鑫矿业目前拥有安山煤矿、沙梁煤矿筹建处两个二
级单位，同时管辖庙哈孤矿区北部火烧区和南部资源整合区。

安山煤矿是该涌鑫矿业投资建设的首座矿井。该矿位于府谷县城西北
方向约 38km 处，南距神朔铁路孤山集运站约 25km，距榆林市约 200km。
井田东西走向长 10 ~ 12km，南北倾斜宽 4 ~ 6km，面积约 53.82km^2。井田
有可采煤层 6 层，自上而下依次为 2^{-2}、3^{-1}、4^{-2}、5^{-1}、5^{-2} 上和 5^{-2} 煤。
安山煤矿于 2009 年 7 月开工，2012 年 4 月基本建成，当前正在进行带负
载试运转。安山煤矿设计可采煤炭储量为 11565 万吨，矿井采用三个平硐
同水平的开拓方式，中央并列抽出式通风，长壁式采煤，一次采全高综合
机械化采煤，全部垮落法管理顶板，井下主运输采用胶带输送机，辅助运
输采用无轨胶轮车。安山煤矿主要产品为低灰分、特低硫、高发热量的不
粘煤。

沙梁煤矿筹建处于 2012 年 3 月 10 日正式成立，沙梁煤矿井田东西长
8.4km，南北宽 5.9km，面积约为 26.40km^2，矿井设计可采储量为 9948 万
吨。庙哈孤矿区北部火烧区面积约为 13.7km^2，大部分煤层自然剥蚀，在
国家储量管理中心备案的煤炭资源量为 1541 万吨。庙哈孤矿区南部资源整
合区面积为 38.8km^2，现设置 7 个采矿权和 1 个探矿权。

——大哈拉煤矿由兰州军区某集团军某师开工建设，始建于 1988 年
10 月，地处神木县孙家岔镇马莲塔村，南距神木县 45km，北距大柳塔镇
25km。2006 年大哈拉煤矿对其矿井实施了补套工程，目前矿井生产基本走
向了正规。大哈拉煤矿地质结构简单，单斜构造、走向南北、向西倾斜、
煤层倾角 0° ~ 1°，主采煤层为 3^{-1} 煤层，煤层平均厚度 2.67 米。井田东西
长度约 2.13 公里，南北宽约 1.7 公里，面积约为 3.32km^2。矿井属低瓦斯
矿井，采取斜井开拓方式、中央并列式通风、房柱式采煤、一次采全高炮
采工艺。

——陕西陕北乾元能源化工有限公司（以下简称"乾元能源"）位于陕西省榆林市榆阳区麻黄梁工业产业园，是一家大型现代化煤化工循环经济企业。其前身为陕西陕北基泰能源化工有限公司，由陕北矿业与10余家民营企业于2010年5月共同出资组建。2012年4月，陕北矿业受让了其他股东的全部股权，使之成为其资子公司。乾元能源现有60万吨/年的兰炭厂，采用的热解装置为6台10万吨/年内热式直立炭化炉；10万吨/年电石厂，采用的装置为2台5万吨/年密闭式电石炉（负荷为30000KVA）以及配套的2台170吨/日双梁式气烧窑装置；2×30MW循环硫化床电厂。

——陕北矿业有限公司生产服务分公司，前身为陕北矿业机电安装公司，成立于2008年10月12日。2011年10月，陕北矿业根据生产经营和发展需要，决定将韩家湾煤炭公司综掘队、连采队成建制划入机电安装公司，同时将该公司更名为生产服务分公司（以下简称"生产服务中心"）。其经营范围为矿井建设及矿山设备安装，煤矿设备物资采购与供应，煤矿设备维修等。生产服务中心拥有综掘一队、综掘二队、连采队、安装队和综合服务队五个生产区队，大型生产设备综掘机6台，WC40Y型特种车4台，WC25EJ型特种车4台，连采机1台，锚杆钻车1台。目前，生产服务中心负责陕北矿业所属矿井工作面的安装和回撤，生产巷道掘进，边角煤回收等工作。其建设的韩家湾煤炭公司2403、2404精品工作面，在陕煤化集团两次质量标准化检查验收中获得了肯定。涌现出了全国百名优秀青年矿工——张波等一批先进模范人物❶。

——神木运销公司为陕北矿业全资子公司，成立于2003年，办公地点设在榆林市经济开发区长兴路陕北矿业办公楼5楼，管理人员9人，注册资金3199万元，主要从事陕西省省内外煤炭运输销售业务。多年来，该公司积极发挥自身优势，以"服务企业、服务地方、实现地企双赢"为宗

---

❶ 全国百名优秀青年矿工由《中国煤炭工业》传媒联盟、《中国煤炭工业》杂志社组织评选，旨在宣传和落实党中央、国务院关于"全社会都来关心和爱护广大矿工"的指示精神，提升煤炭行业形象，展示青年矿工风采，增强矿工荣誉感。张波从全国500多万煤矿工人中脱颖而出，荣获首届"全国百名优秀青年矿工"称号，并于2011年4月20日参加了在北京人民大会堂举行的颁奖典礼。

旨，公司不断加强公司内部管理，大力拓宽煤炭销售渠道，拥有了相对固定的煤源和稳定的客户，年销售量一般在 50 万吨左右，较好地化解了陕北矿业部分经营压力。

2018 年 4 月，根据陕煤集团决定，陕北矿业公司和神南矿业公司合并，实行一体化管理。目前，公司拥有红柳林矿业公司、柠条塔矿业公司、张家峁矿业公司、中能煤田公司、孙家岔龙华矿业公司、产业发展公司、韩家湾煤炭公司、涌鑫矿业公司和煤炭科技孵化公司九个单位。

2011 年 11 月，陕北矿业推行了全面预算管理，坚定不移地将全面预算管理进行到底。这些年来，陕北矿业全面预算管理经历了以下三个阶段。

第一阶段：解放思想、立章建制。

企业和员工，只有"心动"才能导致"行动"，思维和理念的僵化将成倍缩小任何管理变革的作用，同样思维和理念的解放也能成倍放大管理变革的成效。因此，要想企业实现转型发展，思想解放是前提。没有思维方式的转变，就难以摆脱对传统发展方式的依赖；没有思想的解放，就不可能从灵魂深处认识到转型发展的重要性。

正如美国著名管理学家戴维·奥利所指出的那样：全面预算管理是为数不多的几个能把组织的所有关键问题融合于一个体系之中的管理控制方法之一。国际著名咨询公司安达信在其《全球最佳实务数据库》里提出"预算是一种系统方法，用来分配企业的财务、实物和人力资源，以实现企业既定的战略目标"。思想和理念的植入从来都不是一蹴而就的，其生根发芽更是一场嬗变过程。2011 年，陕北矿业通过推行《全面预算管理办法》，公司以利润为基准向各部门下达编制 2012 年度预算的要求，预算内容主要为财务收支预算。这就从思想上树立起了"预算管理"这一理念，实现了破茧而动，实现了从计划管理到预算管理的转变。随后，陆续发布了《重大成本（费用）支出管理办法》《费用中心考核管理办法》《内部价格管理办法》等，建立起了较为完善的全面的预算管理制度体系。

第二阶段：精细管理、标准护航。

有了全面预算管理这个平台，陕北矿业实施了"以机制创新为导向、以精细化管理为手段"的管理提升战略，紧扣"最大限度地减少管理所占用的资源和降低管理成本"这一精益管理思想。用精细化管理手段推进全面预算过程，通过流程管理、标准管理和制度管理实现了企业无缝化管理。

在精细化管理阶段，陕北矿业提出和践行了"3F"精细化管理，三条主线，即职能管理精细化、安全生产精细化和精细文化建设协同推进；两个原理，即简单化原理和标准管控原理。实现了"三个简化"（简化制度、简化流程、简化层次）和"四个标准管控"（岗位标准、作业标准、流程标准、管理标准）。

在此期间，公司的预算内容扩大到了资本性支出预算，为全面预算体系的建立奠定了基础。通过全面预算实现了事前、事中和事后的全过程控制。采取技术创新驱动策略，对生产矿井的采煤工艺和方法进行攻关，不断降低原煤生产成本。通过建立费用承包机制，精细化管控各项管理费用，实现了费用的有效节约。

第三阶段：岗位驱动、预算经营。

精细化管理全面夯实了企业管理基础，也使企业员工的思想得到了根本性的改变。其中一个典型的认识就是，精细化不是"美化工程"，不是搞好巷道美化和工作面工厂化，也不是在井下进行栽花养鱼，而是以"大方、简洁、美观"为原则，细化工作标准。这一理念的转变，就大大提高了企业投资效益，节省了企业投资。转变了"等靠要"观念，积极应对市场变化；转变了"不缺钱"的观念，建立财务管控体系，充分进行精打细算，确保资金和投资的高效性。

从 2016 年以来，陕北矿业全面预算管理可以说进入了全面发力阶段，相继出台了资金管理方面的三个办法，以及《关于加强 2017 年全面预算管理工作的通知》《自营工程管理办法》《管理性可控费用核算及管理办法》《项目资金管理办法》等管理制度及办法，为预算管理的实施提供了制度保障。

公司上下在执行上述措施方面，不打折扣，不留口子，同心同力，聚焦"岗位驱动"、变革"预算经营"，将全面预算管理全面融入企业经营中，总体上取得了以下三个方面的成效。

第一，完全成本水平走到了集团前列。

在推行全面预算管理后，企业成本管理系统就自动上升为全面预算管理系统的一部分。也就是说，全面预算管理首先要在成本管理上"刀下见菜"，要实现降本。通过细化各种措施，陕北矿业原煤成本水平始终走在集团公司前列。例如，韩家湾煤矿原煤成本水平 2014 年和 2015 年连续排在集团公司所属陕北地区矿井的首位。2016 年，矿井吨煤成本降至百元以内，为煤炭生产矿井的成本管控闯出了一条新路。

第二，全员工效稳步提升。

任何管理措施的落脚点在于提升企业价值。全员工效和企业价值（经济效益）有着稳定的对应关系，工效水平提升直接反映了单位投入带来的产出水平提升。实行全面预算管理以来，陕北矿业全员工效稳步提升到 40 吨/工。效率的提升有效地缓解了煤炭市场疲软带来的负面效应，确保了企业经济效益目标的实现。

第三，内部的管理性可控费用逐步降低。

陕北矿业坚持将管理费用作为全面预算管理的一个着力点，将以下费用归为"管理性可控费用"：材料及低值易耗品、业务招待费、行政车辆费、出国人员经费、会议费、宣传费、办公费、差旅费、咨询费、培训费和捐赠赞助费。从管理会计角度上讲，上述费用都不是约束性费用，而是斟酌性费用。相反，其他费用的刚性支出性质明显，很难取得显著降本成效或者带来的边际收益较小。实施上，陕北矿业以承包机制为驱动力，逐年按 5% 调减上述费用。近年来，通过采取有效措施，相关费用支出逐年下降，2017 年较 2013 年累计降幅达 46.3%。

第1章　概述

使组织有效地营运，是管理者面临的主要任务。随着环境的日趋复杂、多变，规模的不断膨胀，组织越来越难以控制。为了解决这个问题，管理者利用各种有效的方法与技术，加以规划、控制，以达到组织既定的目标。预算制度是组织营运中的一种有效的管理工具与技术。本章首先介绍预算的产生与发展，其次介绍全面预算管理的基本内容，最后对煤炭企业推行全面预算管理的情况进行分析，进而提出本书的研究内容和框架。

1.1　全面预算的产生与发展

1.1.1　全面预算的产生

"预算"（budget）一词源于法文 baguette，指的是用皮革制成的袋子或公文包。在 19 世纪中期，英国财政大臣有一种习惯，即在提出下年度税收需求时，常在英国议员面前打开公文包，展示其需要的数字。因此，财政大臣的"公文包"就指下年度的收入支出预算数。而后不久，budget 一词正式出现在财政大臣公文包中的文件中，这就是预算制度最初的来源。预算在被运用于企业之前，主要是以"国家预算"的形式服务于政府，起到费用控制的作用。近代预算制度产生于英国，发展于美国，首先应用于政府机构，再应用到企业管理当中。

1890—1920 年，政府预算在美国开始实施并取得了巨大成效，同时预算理念也逐渐被美国的一些大公司接受和采纳。第一次世界大战是一个鲜明的分界点。战争结束后，美国工业生产得到了快速的发展，企业规模的扩大使管理人员增加，产生了分权化管理，如何使管理分权而又不失去控制成为一个突出问题。由于在集权条件下必须避免扼杀下级积极性，不能将下级"管死"，在分权条件下又必须避免高层失控和下级混乱，必须做到无论上级还是下级，无论哪种情境下，都是既分散权力又共享权力，既有标准制约又留有活动空间，从而实现整合。预算正是这样一种管理的手段。

19 世纪末 20 世纪初美国人发明了标准成本制度，其内容包括制定标准、监督标准执行过程、奖惩标准执行结果三项内容，在美国现行的教科书中，这就是成本预算管理，是企业预算的最早形式。因为标准成本就是预算成本，只是当时企业界还没使用预算这个术语。经反复探索，杜邦化学公司率先在标准成本基础上，将预算从政府部门引进到企业，并获得成功。不久，杜邦经验又被嫁接到通用汽车公司。通用汽车公司 1908 年创立，生产多个品牌的轿车，品种多样，需要在分权管理体制下实现横向整合。1923 年时任总经理的斯隆（Alfred P Sloan）要求总办事处的高级主管设计出使当期产量和现有需求量相适应，并根据长远需求量分配资源的程序。产量和材料采购的预测要不断按照实际销售额进行调整，销售额的数据来自每十天一次由经销商提交的报表，以及由波尔克公司收集的每月新车登记数据。将销售额、市场占有率和投资回报率的实际数据和估计数据加以比较，为公司未来规划及分配资源的工作提供信息来源，由此企业预算由过去单纯的成本控制扩展为对财务资源的规划、协调与控制。

古典管理理论中泰勒的科学管理理论、法约尔的组织管理理论及韦伯的行政组织理论对于预算体系构建、资源配置和行动协调等职能的发挥都有影响，而建立在科学管理理论基础上的标准成本制度、差异分析等方法都成为预算管理中常用的方法。1922 年麦肯锡（Mckinsey）出版了《预算控制》（*Budgetary Control*）一书，从控制角度详细介绍了预算管理理论与方法，并指出预算控制可以像运用于政府组织一样运用到现代企业，该书的出版标志着企业预算管理理论开始形成❶。

20 世纪 50 年代后，我国的部分企业开始实行定额管理，60 年代推广班组核算管理，80 年代推行内部银行、责任会计制度，以及经济责任制、全面质量管理、市场预测、目标管理等 18 种企业管理方法，这些管理方法对强化企业管理都起到了一定的积极作用。但是，随着市场经济的发展，企业的管理模式需要不断地加以创新与完善。改革开放以来，西方国家的企业现代化管理理论陆续被引入国门，20 世纪 80 年代初期西方的管理会计理论被洋为中用。因此，在我国企业中，预算管理以全面预算或总体预算（Comprehensive Budget）的形式作为管理会计的一个分支在部分企业被采用，这就使预算管理在我国企业中的应用得到了一定的发展，在企业管理中发挥了一些独特的作用。

1.1.2 全面预算的发展

第二次世界大战结束以后，为了使企业在激烈的竞争中处于有利地位，西方会计学吸收了自 20 世纪 20 年代发展起来的一些专门用来提高企业内部经营管理水平和经济效益的方法，如盈亏平衡点分析、弹性预算法、变动成本计算法、差额分析法和现金流量分析法等，以帮助管理当局预测、决策、组织和控制生产经营活动，提高企业的竞争能力。20 世纪 40 年代末期，企业的经营管理者逐渐认识到强化管理对企业的重要性，西方各种新的管理思想应运而生，各种新的管理学派及新的学科不断出现。这些新的管理思想和学科对预算管理理论产生了积极影响。一些实行预算管理的企业开始提倡和实行分权式的民主参与管理，也就是使预算的编制自

---

❶ 詹姆斯·麦肯锡（James Oscar McKinsey）1889 年出生于密苏里州，1914 年在圣路易斯大学学习簿记。1917 年毕业于芝加哥大学，第一次世界大战期间曾作为美国陆军的一员参战，战争结束后返回芝加哥大学。1919 年通过注册会计师考试。1917 年任教于芝加哥大学，1926 年晋升为正教授。1926 年在芝加哥创建美国管理咨询公司即麦肯锡管理咨询公司，1935 年被任命为芝加哥百货公司 Marshall Field & Company 董事长，于是他任命安德鲁·托马斯·科尔尼为麦肯锡管理咨询公司的实际管理人，1936 年还担任美国管理协会会长。

上而下、自下而上地反复循环。20 世纪 70 年代，零基预算（Zero Base Budgeting，ZBB）在西方国家兴起，它的产生使预算在理论和方法上又有了新的发展❶。20 世纪 80 年代中期以后，整个社会经济开始不同程度地从工业经济时代向知识经济时代转变。企业经营环境的不确定性和竞争性大大增强，特别是 90 年代中期内部组织结构呈现出模块化组织（modular organization）和模块化族群（modular cluster）的特征，这种变化动摇了传统预算管理运行的基础和前提，预算缺乏适应性、费时耗力、预算各职能之间不能很好地协调等诸多缺陷更为突出。传统预算管理进入一个与组织外部环境及内部环境相冲突的阶段。

应该如何进行调节？从世界范围看，企业预算管理制度的改革存在两种完全相反的见解。一种是主要由美国和英国的学者与实务工作者提出的观点，即"改进预算"（better budgeting）；另一种是主要由欧洲的实务工作者提出的"超越预算"（beyond budgeting）。改进预算理论的基本前提是认为预算在管理控制中的核心地位不可动摇，主张利用新的管理理念和信息技术来消除传统预算费时耗力的弊端。其具体方法包括超越预算、作业基础预算（activity - based budget，ABB）和持续改进预算（Kaizen budget）。所谓"超越预算"，就是在企业不编制预算的情况下，管理该企业的业绩，并将各决策环节的权力以授权管理的形式分权化❷。"超越预算"主张在"标杆"（Benchmarking）基础上将战略与业绩评价指标体系结合起来，彻底摒弃预算管理。1998 年 1 月跨国型高新技术制造业联合会

---

❶ Peter Pyhrr 是得克萨斯州达拉斯德州仪器公司的经理，他提出了零基预算的想法。他在 20 世纪 60 年代成功地在德州仪器公司使用了 ZBB，并于 1970 年在《哈佛商业评论》上撰写了一篇有影响力的文章。1973 年，吉姆·卡特总统和佐治亚州州长与 Pyhrr 签订合同，在佐治亚州的行政预算程序中实施 ZBB 制度。

❷ 超越预算模型是由 Fraser 和 Hope 提出的。Fraser 和 Hope 将组织的管理控制系统分为三个部分，第一部分是财务预测和计划，主要是通过预算预测组织未来的短期财务业绩，并设置财务业绩目标；第二部分是以综合指标为基础的业绩评价系统；第三部分是以相对标准为基础设计激励机制，主要是指运用标杆法对相对业绩水平进行奖励，而不像在传统预算中以既定的预算目标为依据，这样同样可以减少预算中的讨价还价问题。

CCAMD 专门成立了一个名为"超越预算圆桌会议"（Beyond Budgeting Round Table，BBRT）的研究论坛，研究用什么方法来替代预算管理系统的问题。超越预算理论的发展经历了两个阶段：第一阶段，在预算管理方面，提倡灵活应用建立在业务流程再造（BPR）基础上的平衡计分卡和价值基础管理，并据此对企业进行业绩评价，消除因传统预算的业绩评价所带来的负面影响；超越预算理论发展的第二个阶段主要是研究如何整合现有的各具特色的管理控制方法，使组织的预测、业绩评价和激励机制更加有效。

预算是系统的财务计划。在这个意义上，我国企业预算在 1953 年国家实施第一个五年计划时就产生了，但与杜邦或通用相近意义上的企业预算，到 20 世纪 90 年代才出现。1981 年我国开始在公交企业推行经济责任制，内容是利润留成；1986 年发展为所有国有企业的承包责任制，内容是企业对国家承包责任制和企业内部承包责任制。随着国家税制的完成，企业对国家承包责任制无疾而终，而企业内部承包责任制在借鉴国外成果的基础上，发展成具有我国特色的"责任成本管理制度"或责任成本预算制度。

我国责任成本制度与美国标准成本制度"基本面"相同，但也有明显差别：一是责任成本指标是用价格与利润"倒推"出来，并通过纵向和横向分解落实到每位员工，这实际上是实施低成本战略，而标准成本是通过对员工工作的动作时间研究"正算"出来，属于战术性的；二是责任成本的实际计量通过"结算中心"或"内部银行"相对独立地完成，适应性更强，而标准成本的实际计量是通过财务会计账簿系统来完成的；三是在责任成本制度下奖金与成本直接挂钩，成本指标"至高无上"，属于全局性的，而在标准成本制度下，强调与影响成本的动因挂钩，属于局部性的；四是责任成本制度在有些企业一开始就当作成本预算制度，而标准成本到 20 世纪 90 年代之后才融入预算体系。

20 世纪 90 年代以来，随着我国集团公司的形成和发展，我国企业全面预算管理制度也逐步发展起来，出现了诸如中国石油、中国中化、中国外运、中兴通讯、石药集团等若干个成功的案例。这些案例不仅各具特色，而且既包含西方元素又明显带有中国基因。2000 年 9 月，国家经贸委发布的《国有大中型企业建立现代企业制度和加强管理的基本规范（试行）》明确提出企业应建立全面预算管理制度。2001 年 4 月，财政部发布的《企业国有资本与财务管理暂行办法》要求企业应当实行财务预算管理制度。2002 年 4 月，财政部发布的《关于企业实行财务预算管理的指导意见》进一步提出了企业应实行包括财务预算在内的全面预算管理。2010 年 5 月，财政部会同证监会、审计署、银监会、保监会制定了《企业内部控制应用指引》共 18 项应用指引，其中，第 15 项即为"企业内部控制应用指引第 15 号——全面预算"。2016 年 6 月 22 日，财政部印发了《管理会计基本指引》，明确了推进管理会计体系建设的"4＋1"体系，即理论体系建设、指引体系建设、人才队伍建设、信息系统建设加咨询服务市场建设。2017 年 9 月，财政部发布了《管理会计应用指引第 200 号——预算管理》和《管理会计应用指引第 201 号——滚动预算》。2018 年 12 月 27 日，财政部发布了《管理会计应用指引第 204 号——作业预算》。

1.2　全面预算管理框架

1.2.1　预算和全面预算管理概念

彼得·德鲁克认为"预算不是一场数字游戏，而是围绕战略目标的设立而进行思考的过程"。Chris Argyris 把预算定义为一种由人来控制成本的会计技术。Fremgen 认为预算是一种广泛而协调的计划，以财务条件加以表达。Charles T Horngren 认为预算是行动计划的数量表达。Glenm A Welsh 则认为企业预算乃是一种涵盖未来一定期间内所有营运活动过程的计划，它是企业最高管理者为整个企业及其各部门，所预先设定的目标、策略及方案的正式表达。本书认为预算是企业未来一定时期内经营计划的数量表现形式，是一种系统的管理方法。它是用来分配企业的资金、实物及人力等资源，以实现企业既定的战略目标。企业可以通过预算来监控战略目标的实施进度，有助于控制开支，并预测企业的现金流量与利润。

预算是对企业经营计划的一种正式、量化的表述形式，为企业提供衡量实际业绩的基准点。概括起来，预算具有下列特点：预算是一种整体的经营计划；预算是以财务数字表达对未来的预测；未来的预期是一特定的计划（包含长期、中期及短期）；预算的主体为某一组织；预算包括一切财务收入及支出；预算的表达相当有系统，以便于分析比较；预算须经相关机构审议通过；预算是执行的准则；预算往往形成文件（一般情况下是纸质的）。在遵循公司战略目标的前提下概括了公司的目标及达成目标的可行步骤，科学完善的预算管理对公司的作用至少有以下几个方面：①预算可以细化战略规划和年度业务计划，是对公司整体经营活动一系列量化的计划安排；②预算可以促使公司管理层认真考虑完成目标的方法并对市场变化做好准备；③预算有助于计划、交流、设定公司员工的行为标准使其符合公司战略发展需要；④预算是进行事前、事中、事后控制的有效工具；⑤预算可以激励员工努力工作并作为员工绩效考评的依据，见图1-1。

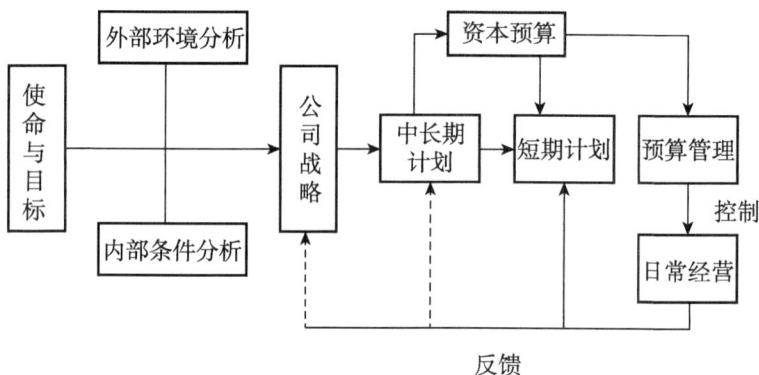

图1-1　企业预算的重要性

预算管理，是指企业以战略目标为导向，通过对未来一定期间内的经营活动和相应的财务结果进行全面预测和筹划，科学、合理配置企业各项财务和非财务资源，并对执行过程进行监督和分析，对执行结果进行评价和反馈，指导经营活动的改善和调整，进而推动实现企业战略目标的管理活动。《管理会计应用指引第200号——预算管理》指出预算管理的内容主要包括经营预算、专门决策预算和财务预算。

全面预算管理（Overall Budget Management，OBM）作为对现代工商企

业成熟与发展起过重大推动作用的管理系统,是企业内部管理控制的一种主要方法。全面预算是指综合反映企业在一定时期内生产经营活动各个方面目标和行动计划的预算。著名管理学教授戴维·奥利认为"全面预算管理是为数不多的,能把组织的所有关键问题融合于一个体系之中的管理控制方法之一"。从内容来说,它一般包括经营预算、投资预算、融资预算、财务预算。全面预算的"全"有三层含义,即全员、全额、全程。①"全员"是指预算过程的全员发动,通过企业各职能管理部门和生产部门对预算过程的参与,把各部门的作业计划和公司资源通过透明的程序进行配比,可以分清轻重缓急,达到资源的有效配置和利用;②"全额"是指预算金额的总体性,不仅包括财务预算,更重要的是包括业务预算和资本预算;③"全程"是指预算管理流程的全程化,即预算管理不能仅停留在预算指标的下达、预算的编制和汇总上,更重要的是要通过预算的执行和监控、预算的分析和调整、预算的考核与评价,真正发挥预算管理的权威性和对经营活动的指导作用。

1.2.2 全面预算管理功能

全面预算管理是一种整合性管理系统,具有全面控制的能力。企业追求稳定及成长,在经营管理上不可缺少全面预算管理这种利器。是否编制预算,就好比航海时任意漂流与航程排定的不同:任意漂流,可能无法达到希望的目的;而排定航程,就能朝着预定的目标前进,虽然不能保证达成目标,但确实能使目标容易达成。因此,全面预算管理是有效的管理平台。总体上,全面预算管理具有规划、协调、控制、沟通、激励功能。其中,规划功能是指通过全面预算管理,公司战略、年度经营计划都可以得到具体落实,见图 1 - 2。

1.2.3 全面预算管理体系

全面预算管理体系共有六大子体系,包括文化体系、组织体系、运行体系、流程体系、制度体系和方法体系。

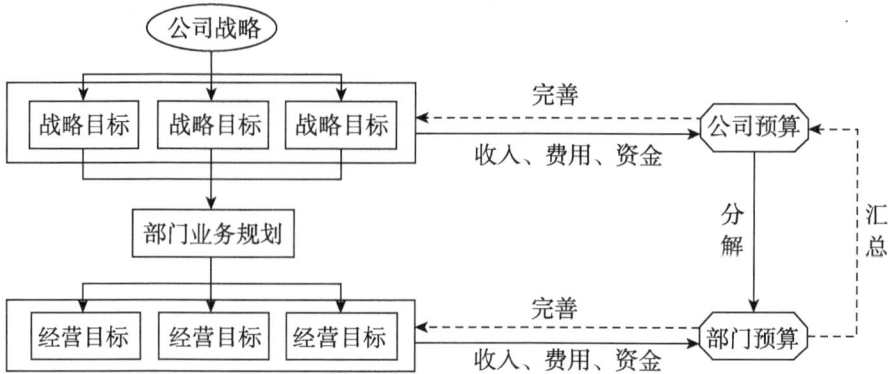

图1-2　全面预算管理的规划功能

　　全面预算管理文化体系是指以领导支持、部门参与和员工操作为主体的预算管理文化。企业开展全面预算管理，员工具备高度的主人翁精神是前提。由于企业全面预算管理涉及企业的每一个人，需要人人参与预算管理，加上其高度计划性、系统性、协同性、全局性，如果员工没有高度的主人翁精神、不能够人人认真负责，全面预算管理是难以实现的。从形式上看全面预算也不复杂，其体系比较简单。但许多企业全面预算管理很不成功，原因是多方面的，其中一个重要原因是他们没有把全面预算管理当成一个管理系统，把影响企业全面预算的各个因素看成是彼此孤立的，头痛医头，脚痛医脚。首先，全面预算管理是典型的"一把手"工程，不仅要求高层领导直接介入授权、审批等具体环节，而且在整个落实过程中都需要领导层的支持。其次，全面预算管理离不开部门的参与，特别是业务部门"一把手"的参与。最后，全面预算管理是一种全员参与的管理方式，成功与否取决于预算过程各个阶段所涉及人员的认同与协作。因此，一定要重视人的因素，充分调动员工的积极性。

　　全面预算管理组织体系包括预算决策机构、预算日常牵头机构、预算执行机构、预算监控机构、预算考评机构以及职责体系，见图1-3。根据《公司法》，就预算而言，股东大会的职权为"审议批准公司的年度财务预算方案、决算方案"，董事会的职权为"制订公司的年度财务预算方案、决算方案"，经理的职权为"组织实施公司年度经营计划和投资方案"。预算管理委员会是在董事会授权下，处理全面预算管理中的相关事宜，是预算管理的决策机构，为非常设机构，由公司总经理、总会计师、副总经理，以及财务部、战略发展部、人力资源部等部门负责人组成。

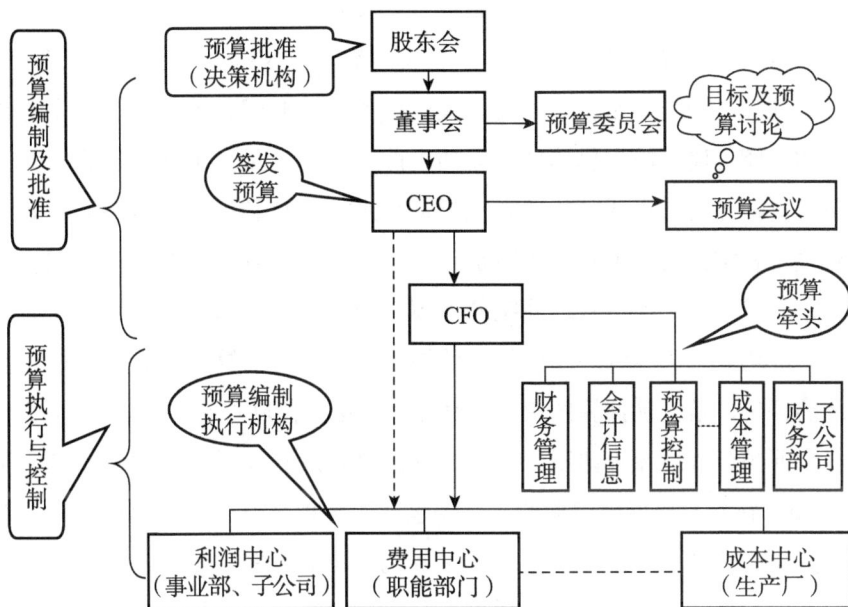

图 1-3　全面预算管理的组织体系

全面预算管理运行体系包括确定预算目标、预算编制、预算执行、预算考核，见图 1-4。预算目标是预算管理的核心，预算的编制必须与预算

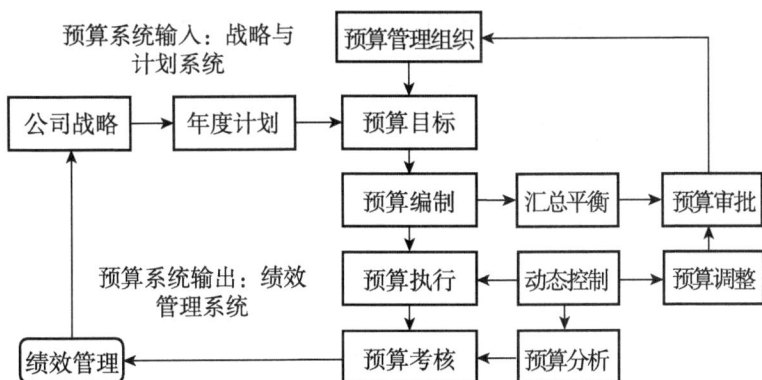

图 1-4　全面预算管理的运行体系

目标相符，在执行与控制中要以预算目标为最根本的出发点，差异分析最终应解释预算目标的完成情况，并对影响目标完成的差异提出改进建议以保证年度预算目标的完成，预算的考核指标即下达的预算目标，配合公司考核政策，对各责任中心责任人的预算完成情况进行业绩评价与奖惩。预算编制主要是根据预算目标，编制一系列预算表，包括销售计划表、标准产能设定表、标准用料设定表、标准人工费用设定表、产销配合计划表，等等。预算规划与编制，必定投入大量的人力与时间，但毕竟属于书面作业，如不能付诸实施，仍属徒劳无功，前功尽弃。预算考评机制是对企业内各级责任部门或责任中心预算执行结果进行考核和评价的机制，是管理者对执行者实行的一种有效的激励和约束形式。预算考评具有两个层次的含义，一是对整个预算管理系统的考评，即对企业经营业绩的评价，它是完善并优化整个预算管理系统的有效措施；二是对预算执行者的考核及其业绩的评价，是实现预算约束与激励作用的必要措施。

全面预算管理流程体系是对全面预算管理运行体系的细化和规范，见图1-5。在预算目标确定阶段，主要包括明确预算目标下达标准和确定各个部分年度计划等。预算编制阶段主要包括预算汇总、修改、审批、下达等环节；预算执行阶段主要包括预算分解、预算执行、预算分析、预算控制、预算调整等内容；预算管理的最后一个阶段就是预算考核，通过定期或动态的预算考核，可以发现经营中存在的问题和风险，及时采取各种纠偏措施，为企业预算目标的实现提供合理的保证。这些业务环节相互关联、相互作用、相互衔接，周而复始地循环，从而实现对企业全面经济活动的控制。

全面预算管理制度体系主要包括全面预算管理制度、预算编制管理办法、预算执行控制办法、预算修正和调整办法、预算分析管理办法、预算追加管理办法、预算仲裁管理办法、预算考评管理办法、预算管理基础规范办法、预算员管理办法。

全面预算管理领域应用的管理会计工具方法，一般包括滚动预算、零基预算、弹性预算、作业预算等。企业可根据其战略目标、业务特点和管理需要，结合不同工具方法的特征及适用范围，选择恰当的工具方法加以

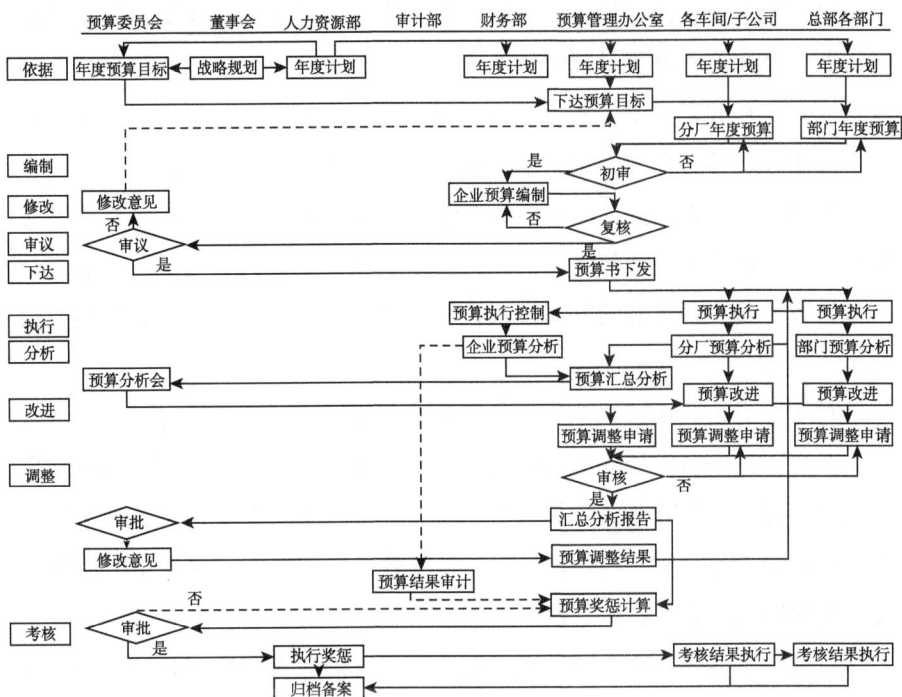

图 1-5　全面预算管理的流程体系

综合运用。也可整合预算与战略管理领域的管理会计工具方法，强化预算对战略目标的承接分解；整合预算与成本管理、风险管理领域的管理会计工具方法，强化预算对战略执行的过程控制；整合预算与营运管理领域的管理会计工具方法，强化预算对生产经营的过程监控；整合预算与绩效管理领域的管理会计工具方法，强化预算对战略目标的标杆引导。企业应用预算管理工具方法，一般按照预算编制、预算控制、预算调整、预算考核等程序进行。

1.3　煤炭企业全面预算管理

1.3.1　现状与存在的问题

在我国国民经济体系中，煤炭行业是我国重要能源的战略性支撑产业，煤炭企业是我国煤炭行业发展的重要主体。随着我国煤炭市场的日趋成熟，以及煤炭对外贸易规模的不断增长，煤炭企业也遇到了越来越大的竞争压力。在此背景下，煤炭企业要获得良好的竞争优势，不仅要在产能、加工技术等方面加强创新和改进，做好内部各项工作的精细化管理也是重要的一个方面。尤其是很多煤炭企业长期以来比较明显的粗放式管理模式，明显和当下主流趋势格格不入。全面预算管理具备全员、全额、全程等特点，是一种有效的管理体系，特别是在降本增效方面，其作用尤为突出。

对于煤炭企业而言，全面预算管理是煤炭企业在生产经营的过程中，从企业自身的经营发展战略目标出发，落实相关预算管理政策，利用预算对内部各部门、各环节，尤其是在开采、生产、加工、业务拓展等一些环节中的资源进行分配、考核、控制，以有效组织和协调企业的生产经营活动，完成既定经营目标的管理方法。

目前，很多煤炭企业都意识到全面预算管理的重要性，并且将全面预算管理运用到了企业日常经营管理中。煤炭企业通过推广全面预算管理，实现了以下管理目的：一是为实现企业目标提供合理的方案；二是增加企业各部门间的沟通次数；三是全面监管子公司、各部门的工作情况；四是再造企业业务流程；五是有利于降低管理目标和措施的随意性；六是提升企业管理水平，直接规避企业管理风险；七是强化企业资源配置，提升了企业竞争力。尽管我国煤炭企业在推行全面预算管理方面取得了较大的进步，仍然存在以下问题。

一是"重生产、轻经营"。许多煤炭企业不重视全面预算管理，或者仅仅是应付上级部门下达的任务，认为只要把煤炭安全生产出来就可以了。安全生产工作固然是首位工作，但是企业发展壮大需要把各项管理工作做好，全面预算管理工作在一定程度上影响着企业的核心竞争力，有利于促进企业今后的发展。许多企业尚未充分认识到全面预算管理的重要性，预算工作局限于财务预算和经费分配工作，很少从战略角度思考和重视全面预算管理工作。

二是"重决算、轻预算"。在实际工作中，有的煤炭企业中的职能部门为了能够在今后的经营中赢得更多的资源，为了能够在绩效考核中获得骄人的成绩，经常故意低估或者高估企业的成本，预算与实际值之间存在明显的差异，对煤炭企业的整体预算效果造成了严重影响。再比如，由于煤炭企业工作过程的安全问题、开采时受到地质条件的影响，对煤炭成本进行科学的预算显得尤为重要。但部分煤炭企业的业务部门总是会绕开企业的过程性监控系统，虚报预算，导致煤炭企业的预算管理缺乏科学的、有效的、规范化的控制与监督。

三是"重形式、轻效果"。一些煤炭企业尽管也编制了各种全面预算表，把精力放在表格的完整性和形式上，忽视了全面预算管理的有效性。煤炭企业井下生产条件复杂多样，预算编制部门若是对生产现场了解不深，很容易出现预算与实际不符的问题，进而导致预算信息不具备科学性，预算目标的划分不明确，最终导致后期核查出现偏差。很多人提出，全面预算管理是财务行为，属于财务部门的工作，需要交给财务专业工作者负责。但是，很多煤炭企业的财务工作人员对矿井生产组织是缺乏足够的了解的。

四是"重计划、轻考核"。现在，许多煤炭企业在预算考核方面主要采用的是事后监管，这一方式在实施全年成本控制中侧重在各个单位实际完成的情况。因此，在考核方面主要是根据单位的成本费用运用情况进行评价，这就导致各级预算的主体在成本控制方面没有统一标准。此外，有的单位未有效履行月考核的责任，这就导致全面预算考核工作中出现问题，并且和员工的基本工资挂钩不科学，主要体现为全面预算在工资中所占的比例不大，这也导致考核的实际执行出现怠慢等情况；有的是按季度以及半年考核的方式，这就使得考核的实效性降低，影响全面预算的实施。

五是"重短期、轻战略"。目前，我国很多煤炭企业在全面预算管理中经常出现预算与实际管理严重脱节的问题，未能与企业的长期战略规划和企业的长远发展进行有机结合。例如：编制预算时没考虑到资源储量、地质构造、煤质等情况，再加之有的煤炭集团企业下属子公司或分公司并未将自身发展与集团企业的发展环境融合在一起，更未将企业的战略发展规划和发展目标融入其中，从而使企业的整体发展规划缺乏系统性、科学性、战略性。缺乏战略性的预算管理体系导致企业的日常经营业务没有终点，探索能力大大下降，企业核心竞争力明显不足，企业的短期预算指标与长远发展目标之间严重脱节。

六是"重指标、轻基础"。全面预算管理工作的有效性取决于企业标准管理、定额管理、内部市场化等工作。许多煤炭企业重视降本增效指标，忽视各种指标的合理性。目前，部分煤炭企业中还存在定额标准过时的情况，已经无法适应时代发展的要求，有的预算指标与生产实际严重脱节，亟待修正。另外，一些煤炭企业的领导者尽管也实施了全面预算，但只要发生问题，这些领导通常完全不顾预算原则，将原有的预算计划和目标打破，完全立足于自己的意愿任意调整预算，最终在企业中形成领导说的话就是"圣旨"的局面，预算本身的价值和功能也就丧失了。

1.3.2 实施步骤和关键环节

企业进行全面预算管理的主要目的是为了实现人力、物力、财力资源的有效、合理配置。在上述问题的基础上，本书认为煤炭企业全面预算管理应遵循以下步骤，见图1-6。

图1-6 煤炭企业全面预算实施步骤

根据图1-6，煤炭企业做好全面预算管理工作，首要的工作就是做好定额编制工作，建立煤炭企业定额体系，见图1-7。煤炭企业还将定额管理融入全面预算管理工作中，主要从以下三个方面入手：一是生产材料定额管理，在制定生产材料定额时考虑到不同巷道、不同断面及不同的支护方式都会影响到材料定额的制定，因此选用以生产技术设计为基础这一标准，核算每掘进一米巷道需要使用的各类支护材料的数量，并严格根据材料单价计算相应的每米材料定额，其他辅助材料的定额则根据前期消耗情况，结合实际生产情况，制定相应的定额标准，并在执行过程中逐步完善；二是工资、劳务费定额管理，本着多劳多得的原则制定工资定额标准，对采、掘等计件区队采取宏观调控，以工作面（掘进头）为单位，实行计件工资定额管理，区队进行二次分配，对班组实行分班计量、按量计分、按分分配的计件工资分配方法；三是修理费定额管理，在企业经营指标指导下，对修理费进行包干管理，将全年修理费指标下发给承包单位，承包单位在指标范围内根据生产所需安排维修项目。

采煤业务量	→	采煤定额	⇒	采煤支出	
掘进业务量	→	掘进定额	⇒	掘进支出	
机电业务量	→	机电定额	⇒	机电支出	
运输业务量	→	运输定额	⇒	运输支出	
通风业务量	→	通风定额	⇒	通风支出	
抽采业务量	→	抽采定额	⇒	抽采支出	生产支出
洗选业务量	→	洗选定额	⇒	洗选支出	
机装机运业务量	→	机装机运定额	⇒	机装机运支出	
设备大修业务量	→	设备大修定额	⇒	设备大修支出	
安装回撤业务量	→	安装回撤定额	⇒	安装回撤支出	
巷道维修业务量	→	巷道维修定额	⇒	巷道维修支出	
零星工程业务量	→	零星工程定额	⇒	零星工程支出	
洗浴取暖业务量	→	洗浴取暖定额	⇒	洗浴取暖支出	
				设备管路等支出	

图 1-7　煤炭企业定额体系

另外，煤炭企业要从材料管理入手，推行材料费用管理的内部市场化，将原有预算管理进行优化设计，进一步完善材料定额管理并严格审批流程。在预算管理实施过程中加强现场管理，从材料的审批、领用到回收、复用，做到环环有监督，步步有考核，将市场竞争规则引入内部管理，用效益引导各单位降低成本创造收益，并通过奖罚措施，激励各单位采取相应的管理办法，严控材料费用支出。

根据图 1-6，第二步是编制业务量预算。业务量是预算管理的关键。"花多少钱，需要多少人，规模维持多大"都是由企业的业务量或者工作量来决定的。第三步是编制总支出预算，通过业务量与定额的对应关系形成矿井成本预算，加上包干形式预算的期间费用和相关税费，构成了总支出预算。第四步为编制资金预算，区分总支出中的付现成本与非付现成本，对付现部分测定资金额度。

第2章　理念与思想

善抓方可善成。一个单位的领导，既要抓大事、把方向，又要出思路、抓落实。俗话说：方向不对，努力白费；方向若对，事半功倍。全面开花只能蜻蜓点水，隔靴搔痒。全面预算管理尽管是全员管理和全程管理，但绝不是"平均管理"和"同等管理"。陕北矿业全面预算管理首先在理念和思想上就确立了"重点聚焦、以点带面"的抓手理论。坚持通过抓主线、抓关键、抓过程、抓效应和抓机制，五种抓手，合力聚能，全面提升企业管理水平。

2.1　抓主线

在业务布局上，煤炭企业业务基本上由管理线、生产线、服务线构成，生产线自然是全员预算管理的重点。从价值驱动上，煤炭企业利润形成于收入线、成本线、费用线。在业务线的建立和利润的创造上，陕北矿业形成了以下四条具体路径，见图2-1。

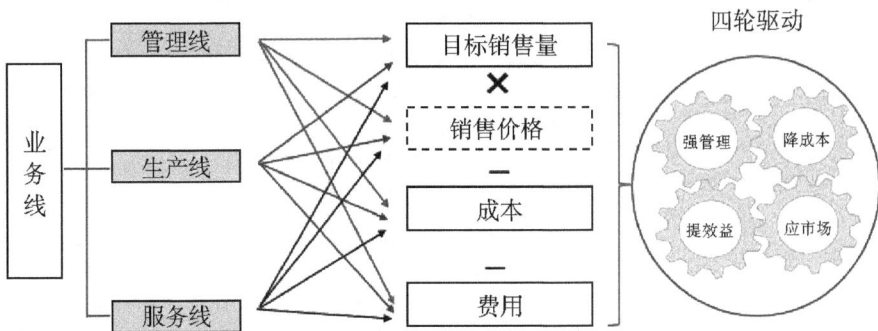

图2-1　陕北矿业经营提升四条具体路径

2.1.1 强管理

过去，煤炭企业整体上管理粗放和浪费严重。因此，"向管理要效应"就成了陕北矿业管理工作的中心目标。通过强管理，陕北矿业形成了如下共识："提升管理水平，强化执行力，是增强公司发展后劲的唯一出路""评价一个企业不仅要看这个企业占有的资源有多少、资金有多么雄厚、技术有多么先进，更重要的是要看这个企业的管理模式怎么样"。在如何加强管理方面，陕北矿业贯彻简单化原理，紧扣招投标、合同、基本建设、支架大修等管理薄弱环节，精确定位和不断创新方式方法。下文就招投标管理加以阐述。

近年来，陕北矿业招标/比价管理存在的主要问题是：比价项目公司和二级单位管理权限界定不清；招标/比价《技术规范书》没有按审批权限签字，出现问题后无法落实责任；招标/比价《技术规范书》的内容没有统一格式要求，随意性较大；各二级单位未设专人负责本单位招标/比价业务，公司和各二级单位无法对口衔接，造成业务流程不畅；技术方案审批、施工图会审及采购、大修设备的技术参数审定，未按规定的管理权限履行审批签字手续或形成会议纪要，造成招标/比价时技术上出现漏洞、盲点较多；未按管理权限明确比价、招标和委托招标的审批权限，造成责权不清晰。

第一，首先在机制创新上，进行了以下创新：

原来的招投标管理机制		新执行的招投标管理机制
忽视关键控制点，导致"三无工程"产生（无公开招标、施工单位无资质、施工无图纸）	转变为	关键控制点前移机制，即公司对招标/比价前的《技术规范书》和技术方案审批、施工图会审及采购、大修设备的技术参数审定，按照公司《技术管理办法》规定的管理权限履行的审批签字手续或形成会议纪要，实行以公司分管领导为主的审核制度。未按公司规定的管理权限履行的审批签字手续或形成的会议纪要，不得进行招标/比价。矿、土、安三类工程招标/比价前由公司基本建设部设置标底价或拦标价，没有设置标底价或拦标价的不得进行招标/比价

由于以前招标/比价没有《技术规范书》和技术方案审批、施工图会审制度，造成部分技术规范要求及技术方案没有详细审核，给招标/比价工作带来一定困难。招标/比价管理精细化后，基本上制止了类似现象的发生。

第二，明确岗位职责。明确划分了公司招标/比价办公室、二级单位比价管理人员、业务技术部门的工作职责。招标/比价申请表上报前，由业务技术部门填制《技术规范书》。《技术规范书》对矿、土、安工程，设备采购，设备大修需填制的内容进行了详尽的要求。例如，设备大修项目填制《技术规范书》时，除填制设备概况、质量要求或标准、工期、历史价格或参考价格外，还必须注明必修项目或选修项目。《技术规范书》和技术方案审批、施工图会审及采购、大修设备的技术参数审定，应在二级单位上报申请招标前按照公司《技术管理办法》规定的管理权限履行完审批签字手续或形成会议纪要。要求各二级单位须相应成立招标/比价管理机构，并设专人负责本单位的招标/比价业务，起到了对上承报招标/比价业务，对下负责管理业务的关键作用。明确了公司招标/比价办公室编制招标文件评标办法时，应根据项目的技术含量合理选择技术分和商务价格分比重。技术含量高的项目技术分应占到50%～60%；技术含量低的项目商务价格分应占到50%～60%。设定了招标/比价前的价格基础。矿、土、安三类工程招标/比价前由公司基本建设部设置标底价或拦标价，物资采购前由相关业务部门提出摸底价。

第三，细分了管理权限。根据单项合同估价金额，对公司和二级单位自主招标/比价的管理权限做了清晰的界定：建设工程项目达到200万元、物资采购项目达到100万元、服务项目达到50万元，由公司委托集团公司指定的代理机构组织招标。建设工程达到50万元、物资采购项目达到30万元、服务项目达到20万元，由公司通过招标选择施工、供货、服务单位。建设工程及非生产物资采购不满20万元、服务项目不满10万元，各二级单位可以自行比价。超过以上限额必须经过公司进行比价。

第四，明确审批权限。按管理权限明确了公司比价、招标和委托招标的审批权限：公司组织的比价项目，单项合同估算价不满50万元的建设工程、不满30万元物资采购，由公司分管领导审批；内部招标项目，单项合同估算价满 50 万元但不满 200 万元的建设工程、满 30 万元但不满 100 万元的物资采购，由公司总经理审批；委托招标项目，单项合同估算价满 200 万元的建设工程合同、满 100 万元的物资采购及服务项目，由董事长审批。

2.1.2 降成本

毫不夸张地讲，今天煤炭企业已经进入了"成本为王"的时代，低成本既是企业的主要竞争战略，更是生存和发展的根本所在。陕北矿业先后建立起《全面预算管理办法》《重大成本（支出）管理办法》等制度，通过全面预算实现了事前、事中和事后的全过程控制。采取技术创新驱动策略，对生产矿井的采煤工艺和方法进行攻关，不断降低原煤生产成本。

在成本控制上，坚持以下六项策略：

一是牢固树立过紧日子的思想。各单位要积极开展形势教育，在引导大家清醒认识外部经济形势、公司生产经营压力的同时，把大家的思想统一到增收节支、降耗提效上来，发动职工，依靠职工，共同应对挑战。广泛动员开展小改小革、修旧利废活动。树立节支就是增收，修旧就是创效的管理理念，鼓励职工积极投身到小改小革和回收复用、修旧利废活动中，从节约一滴水、一张纸、一度电、一颗螺钉做起，从日常细节做起，培养形成良好的节约习惯。

二是坚持"设计是最大的节约"理念，着力在系统设计、采场设计、支护设计、采掘接替设计上实行优化设计方案，调整矿井生产布局，降低生产成本。从采掘设计入手，合理采掘布局，避免出现无效掘进。例如，通过专家论证，安山煤矿将回采巷道的胶运顺槽、辅运巷、回风巷高度、宽度有限度地缩小，减少了掘进工程量及不必要的投入。

三是深化全面预算管理。常言道，凡事预则立，不预则废。进一步加大推进力度，扩大预算管理范围，将一切生产经营活动纳入预算之内。财务部门定期对预算执行情况进行分析、监控。各单位、各部门将预算指标层层分解，从横向和纵向落实到内部各环节和各岗位，形成全方位的预算执行责任体系，保证预算目标的实现。同时，坚决维护预算的严肃性，除非特殊需要，原则上不予以变更调整。对重大成本支出项目按照编制计划、项目申报、审批、监督检查和考核的程序强化管理。合理调整产量、进尺、成本等，把指标层层分解，落实到区队、科室、人，把经营指标与负责人的工资挂钩，并在考核中兑现，未完成的指标，要在相应责任人的薪酬中体现出奖罚。

四是强化物资采购管理，严格执行公司物资采购管理有关规定，货比三家，把握最佳性价比，降低物资采购成本。明确规定单位价值在 10 万元以上的各种大型材料、配件、煤矿 12 种专用工具等，由公司审批并按照物资比价管理办法组织实施。严禁化整为零、降低标准、规避重大成本管理行为的发生。

五是加强大修理费用支出管理。定期检查设备磨损程度，综合分析更换新设备和修复利用的成本，找出最经济的解决方法。对委托外单位修理的设备实行了保修制，维修后的设备实行相关部门联合验收机制，确保维修质量。做好设备故障鉴定工作，对于能中小修的绝不大修，能少花钱的绝不多花钱，例如，韩家湾煤炭公司通过对液压支架、刮板输送机、采煤机等大修理设备实行了严格的逐台鉴定确认制，以及对外委维修单位的详细筛选，现场派人监督定损办法，节约修理费支出。

六是切实加强非生产成本的管理，对于各类会议、接待、公务活动等，坚持一切从简，坚决禁止铺张浪费。对于差旅费、办公费等的报销审批，财务部门要严格把关，对于不合理的费用支出，坚决不予报销。

2.1.3　提效益

强化市场销售管理，规范了销售管理部门职责、权限和流程。密切关注市场行情变化，开拓了多渠道销售途径。严控煤炭质量，制定了煤炭质量管理办法和激励考核办法。实现专业化运营，降低了内部交易成本。

提效益，主要有以下四方面的举措：

一是强化教育，树立全员煤炭质量意识。把广大职工的思想统一到"没有煤炭质量、就没有市场""提高煤质就是提高效益""煤质工程就是咱们的饭碗子工程"的总纲上来，通过不同的宣传形式，使全体员工尤其是生产矿井与煤质有直接关系的干部职工，进一步转变"重视数量、轻视质量"的观念，形成人人重视煤质、处处严抓煤质的良好氛围。

二是以落实责任为重点，完善煤质管理体系。建立以矿长为组长的煤质管理领导小组，各矿的矿长就是煤质管理的第一责任人。生产矿长、总工程师对煤质管理负直接领导责任，主管煤炭销售的矿长对商品煤质量负直接责任，生产区队长、班长负直接生产责任，将生产、运输、筛选、装车等各环节的煤质管理责任层层分解落实，并且要制订切实可行的奖惩办法。各矿的井下采样工、工程验收员、安检员就是煤质管理领导小组的成员，对各生产点煤炭质量进行不间断的抽查、巡查，各矿每天要在调度会上对前一天的煤质情况进行通报，凡出现煤质事故严格按照"三不放过"原则予以追查。

三是原煤质量管理，从技术上着手做好煤质管理工作，从设计源头为提高煤质提供保障，严格审查采掘《作业规程》，看是否有保证煤质的措施；运销部要严格对现采工作面进行监督检查，每月至少两次，检查情况要建立台账并通报矿井。对原煤质量差的工作面要跟踪检查，及时掌握整改落实情况；掘进工作面每前进100米要采取一个煤层煤样，当工作面遇到大的地质变化时，每前进20~30米采取一个生产煤样。建立检测结果台账，作为煤质预测、配采的依据；采煤工作面原煤每四天采取一个煤层煤样，并以检查结果加权平均值作为矿井对区队原煤质量考核依据，结合工作面煤层地质情况，制定下达煤质考核指标。每五天采一个生产煤样（测热值、灰分、含矸率），月加权结果作为实际验收结果；强化流程管理，注重各生产环节煤质的跟踪管理。要杜绝大块矸石、钢筋混凝土、铁器等杂物进入运输系统，各运煤皮带、溜子机头转载高度符合规定，超高转载点要安装缓冲设施，减少块煤破损。对于遇到大的构造影响煤质时，要确定时段，将通过皮带运出的矸石排出落地，禁止入仓。综采工作面尽量做到不割顶，不割底。炮采工作面在采煤时严格做到炮眼"三不打"（不打在底板上、不打在顶板上、不打在夹矸上）。在推进工作面时遇到的破顶和拉底产生的矸石，要单独装车运出。运矸车辆最好能专车专用，不能专用的车辆，在装煤时一定要清净车底。对于影响煤质的水分，一定要加强工作面及各运输转载点防尘洒水水量的控制，尽量减少外来水分进入煤流。

四是商品煤质量管理，加强煤质管理的基础工作，完善煤质定期检查制度和各种报表制度，规范采制化工作。及时反馈工作面生产煤样、可采煤样、商品煤的质量情况，做好筛分试验。不断规范煤质标准化工作，要注重煤质资料的收集、整理、分析工作，对历年的煤质资料要归档管理；加强商品煤采、制、化工作，严格按照采样规范布置样点、按照操作程序制样、化验；各矿要信守合同，诚信经营，严格装车外运环节的煤质管理，禁止分层装车，以次充好，真真正正维护用户的合法权益；矿井煤质量管理要充分利用经济这个杠杆，采取煤质指标风险抵押，或者将原煤、商品煤煤质分别与生产区队、筛选车间等有关人员的工资挂钩进行考核；做好售后服务工作，通过各种形式走访用户、征求用户意见，及时掌握售后煤质情况。

2.1.4　应市场

应（对）市场的中心就是实现商业模式创新，在煤炭资源最大化利用上下功夫，以"变燃料为原料"为出发点，发展了煤化工产业，奠定企业转型发展的基础，为陕北矿业培育新的经济增长极。

（1）转变经济发展方式

加快转变经济发展方式，是新的历史条件和新的起点上，我国经济社会领域的一场深刻变革，已经被视为引领未来经济发展和繁荣的历史机遇，决定中国现代化命运的又一次重要战略抉择。它的要义主要包括三个层面：一是经济发展由主要依靠物质资源消耗向主要依靠科技进步、劳动者素质提高、管理创新转变；二是经济发展由主要依靠投资、出口拉动向依靠消费、投资、出口协调拉动转变，由主要依靠第二产业带动向第一、二、三产业协同带动转变；三是经济发展由片面注重经济增速向注重经济、社会和资源环境协调发展转变，实现政治、经济、文化、社会建设和生态文明的"五位一体"协调发展。

陕北矿业作为陕西煤业的优势骨干企业，作为陕北能源化工基地建设的主力军和排头兵，加快转变经济发展方式，是陕北矿业义不容辞的责任。首先进一步夯实安全基础，强化"两个理念"，逐步构建"政治、经济、生产"三大本安体系，实现企业安全发展。二是在做强煤炭产业的基础上，做好煤化工项目，建立循环经济体系，实现产业格局由以煤炭为主向煤基多元化及产业高级化转型，通过拉长产业链实现产品增值和产业结构优化升级，实现经济总量由低附加值向高附加值转变；三是依靠科技进步，实现传统产业向高科技产业转变，凸显科技的支撑作用；四是实施品牌培植和企业形象再造工程，实现成本竞争向品牌竞争转变，提升企业的无形资产，创造一流的企业文化；五是坚持低碳经济的发展方向，加大节能减排、环境保护和环境治理，实现向清洁化、效益好、消耗低、污染少的发展方式转变。

（2）成就区域卓越能源企业

卓越企业就是具有永续竞争力的企业。陕北矿业取得了巨大成效，但是与国内其他能源企业相比，核心竞争力还不够强，经济总量还不够大。因此，陕北矿业要想成为现代化、一流的卓越能源企业集团，就必须持续培育和提升自身的核心竞争力，彻底破解安全、市场、资金链、人才四大难题；识别、评估和防范企业经营管理过程中的各种风险，特别是提高对煤化工产业潜在风险的认识、化解和应对能力，为企业发展保驾护航。

卓越企业必须有卓越的企业文化，而要构建卓越的企业文化，必须把科学发展的价值观、创新观、业绩观真正融入企业各级管理者和员工的一言一行中。企业发展一定要从政治、经济、文化、社会、生态"五位一体"的大发展观来研究工作、谋划发展，铸造企业的科学发展之魂，实现与产业资本的完美结合。因此，破除狭隘的本位主义、树立科学发展的大局观需要不断的解放思想、更新观念，并将这些思想和观念变成具体的行动。这既是塑造企业精神的最佳方法，也是实现企业发展目标的最佳路径。

2.2 抓关键

抓关键是抓主线上的关键点。"关键点"担负关键责任，"关键点"发挥着关键作用。全面预算管理抓关键点就等于抓住了"牛鼻子"，见图2-2。

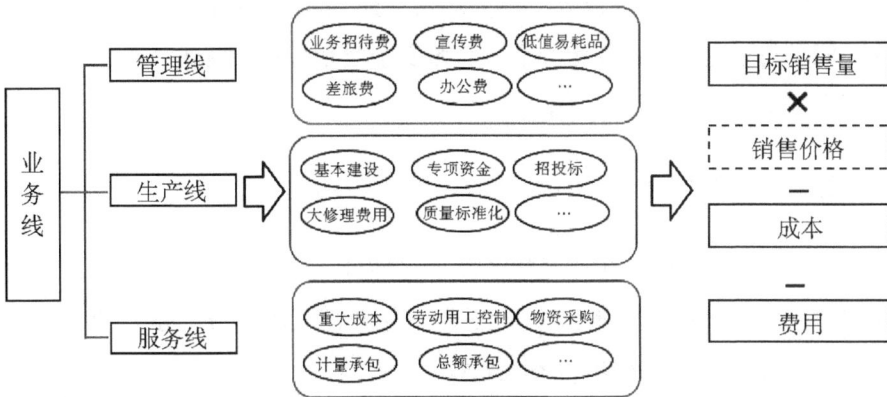

图 2-2 陕北矿业全面预算关键点

2.2.1 生产线

在生产线上，陕北矿业抓住了以下关键点：基本建设、专项资金、招投标、生产性掘进费用、工作面回撤安装费用、大修理费用、大型生产配件更换、不构成固定资产的费用性矿建、土建和安装费用等支出、质量标准化工程、支付给村民的地面塌陷补偿费、污染费、搬迁费、各类捐赠和赞助等其他特殊性费用。

例如，在质量标准化工程方面。煤矿安全质量标准化工作当初的目的就是为煤矿安全生产服务，以"采、掘、机、运、通"标准化为龙头，使煤矿安全生产走上正规化，从而减少煤矿安全事故，改变煤矿事故频发的被动局面。主要从煤矿的设计、布局、设备管理、生产工艺、生产系统、操作流程、安全设施、培训、企业管理等方面制定了一套切实可行的、本质安全型的、行之有效的标准和方法，通过运行实践，对煤矿安全生产起到了很大的作用。但是近几年大多数煤矿在这方面做得有点过头，追求美观漂亮，本末倒置，为了搞标准化而搞标准化，基层职工怨声载道，有钱花在刀刃上，有钱可以投入到安全生产管理方面，有钱可以给职工办点实事好事。煤矿安全质量标准化建设要贯穿矿井生产活动的全过程，"采、掘、机、运、通、地测防治水"是重点，针对陕北矿业实际情况，"一通三防""防治水"是重点，抓住关键环节，着重在事故多发区域、局部通风、采空区管理、盲巷管理、周围小窑、地面沉陷等管理薄弱点上下功夫，同时与隐患排查治理相结合，对照安全质量标准化标准查漏补缺，进行了专项整治，及时消除了事故隐患。

2.2.2 管理线

在管理线上，陕北矿业抓住了以下关键点：材料及低值易耗品、业务招待费、行政车辆费、出国人员经费、会议费、宣传费、办公费、差旅费、咨询费、培训费和捐赠赞助费等。

例如，韩家湾煤矿在上述费用上采取如下措施：

各部门要在提高工作效率的情况下，严格控制出差人数及时间，职工出差前需填制《公出证明单》，注明出差原因、地点、人员等，榆林市以内由分管经理审批，榆林市以外经分管经理及经理审批后，方可出差，出差期间原则上在陕北矿业公司内部客房及西安办事处住宿（特殊情况除外），业务办理完毕后，出差人员凭《公出证明单》在部门费用指标限额内报销差旅交通费。

办公经费包含办公用品、电脑打印耗材及维修费。本年度所需办公用品，由综合办公室统一负责采购及发放，各部门按月上报办公用品月度使用计划，综合办公室按照出库金额控制各部门办公用品费用指标。电脑维修项目，各部门需上报维修计划，经主管领导批准后，由综合办公室汇总，持《派修单》到公司招标比价指定维修单位进行维修，综合办公室负责各部门费用指标控制，超支项目不予结算。

业务招待费由综合办公室统一负责管理控制，业务招待需根据来客的具体情况由主管部室向综合办公室提出接待申请，综合办公室提出接待方案，报分管经理及主管领导同意后，统一安排接待，客饭及烟酒等费用列支综合办公室控制指标。各分管领导及部门人员外出因公需招待有关单位时须提前申报，返回及时将票据（票据上须有经理签字批准及事由）交综合办公室，由综合办公室统一报销。

综合办公室负责公司会议费的指标控制，公司各类大型会议发生前，须事先由主办部门编制会议费用支出申请单，经公司领导审批同意后，在预算指标范围内执行。

办公车辆运输费由综合办公室统一管理，各部室需乘用公司车辆外出大柳塔以外区域前，需申请填列《派车单》，经综合办公室审签后方可乘用公务车，司机报销时根据《派车单》分别粘贴相应发票，经财务部审核后，据实报销，对未经审批所发生的运输费用，财务部门不予报销。为切实节约费用支出，公司将对车辆统一安装 ETC，降低高速公路过路过桥费用，同时通过车辆定点维修保养，全面压缩公务用车维修保养费用。

2.2.3　服务线

在服务线上，陕北矿业抓住了以下关键点：成本控制、劳动用工总量控制、物资采购、计量承包和总额承包。

例如，在劳动用工管理方面，陕北矿业规定如下：

①进一步加强劳动用工管理，严格控制劳动用工总量。加强劳动组织管理，优化机构设置，严格执行定编定员方案。

②加快人才强企战略实施步伐，完善人才引进、培养、竞争和激励机制，健全后备人才考察、培养和选拔聘用机制，加大对骨干人才的待遇倾斜和人文关怀。

③加强工资总额管控力度，细化工资计划管理，严格执行区队工资承包制，建立区队自我加压、自我减人机制，充分体现多劳多得，使工资分配形成市场化管理模式。推行增人不增工资，减人不减工资制度。坚持工资分配向关键管理岗位、重要技术岗位和生产一线岗位倾斜，采掘一线、井下辅助和地面收入比例不低于 2∶1.5∶1。在考核指标完成的前提下，确保一线收入不降低。

2.3　抓过程

2.3.1　全面预算管理过程

全面预算管理的过程主要包括：预算编制、预算执行、预算调控、预算考评等环节，见图 2 - 3。

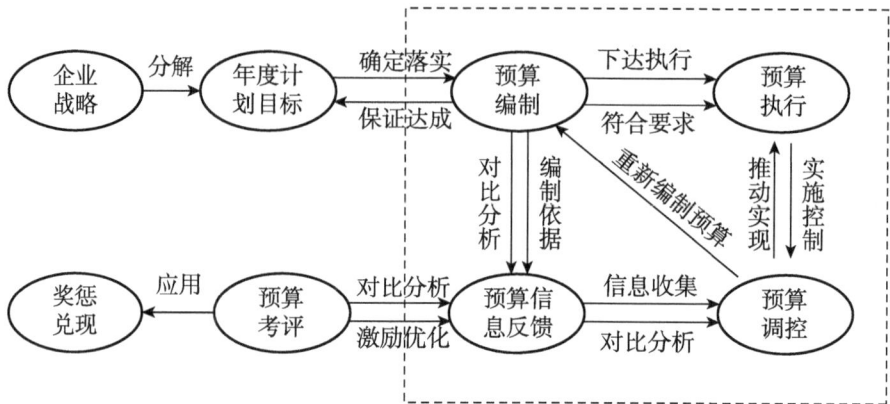

图 2 - 3　全面预算管理过程

这里面关键的是预算执行过程中的预警和预算调控中的预算调整。预算预警是确保预算目标完成的重要机制。一旦预算编制完成，就要坚定地执行，任何调整都必须经历规定程序方可完成。

2.3.2　管理性可控费用

在"管理性可控费用"中，累计支出接近计划指标的项目，向相关部门提前发出警告通知，超计划的费用不予报销，见图 2 - 4。

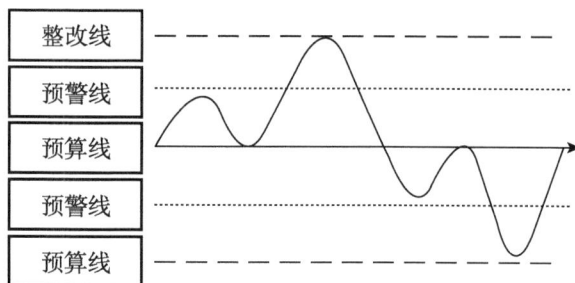

图 2 - 4　管理性可控费用控制图

例如，在预算调整方面规定如下：

①预算一经确定，在公司内部便具有"法律效力"。各预算单位都必

须以预算为导向，强化预算的刚性约束，抓好预算执行过程控制，建立健全"谁控制、谁负责"的责任机制和相应的激励约束机制，管好该花的钱，管住不该花的钱，杜绝浪费的钱，维护预算的严肃性，确保预算的执行力和控制力。

②经上级公司批准正式下达的预算：一般不做总目标的调整，各预算单位应及时采取有效的经营管理对策，保证预算目标的实现。属于年度预算中按正常程序应做出安排的支出，不作为预算调整项目，不予追加预算指标。

③对于不影响本单位年度"预算总目标"实现的预算各项目金额和月份之间的变化，各预算执行单位可以根据实际经营情况，经预算管理领导小组审批后按规定程序进行单位内部的预算调整，并及时报公司预算管理办公室备案。

④各预算单位调整预算申请的上报时间为每年 6 月 20 日前，公司调整预算批复一般于每年的 7 月底之前结束。预算调整未批复前，仍按原预算指标执行和考核，见图 2-5。

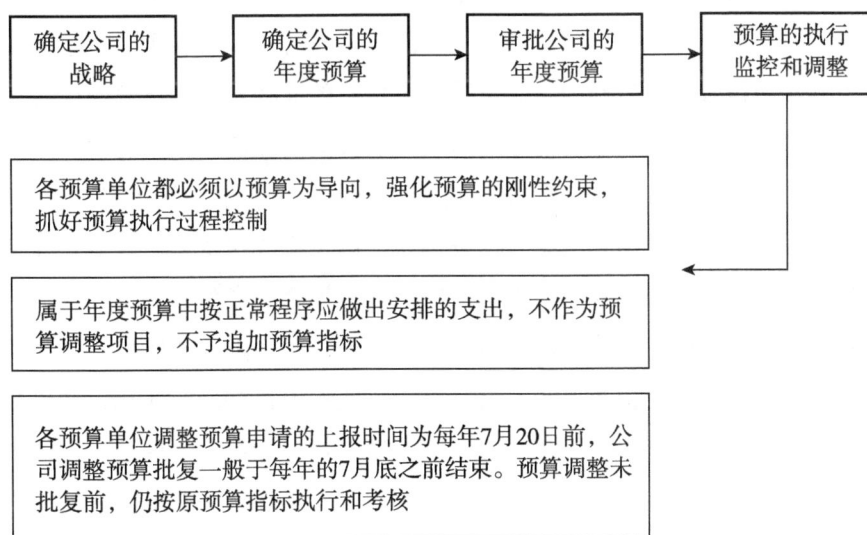

图 2-5　预算的执行和调整

2.4 抓效益

2.4.1 降本增效是出发点

提高经济效益为一切工作的着眼点。搞全面预算管理的着眼点也在于提高企业效益。有效益才是企业的本质属性。不以提高企业效益的任何管理都是无效的。降本增效是煤炭企业提高自身市场竞争力的关键，但陕北矿业和其他煤炭企业一样，过去常常一味地通过"控制费用""少花钱"等治标不治本的浅层形式来解决短期问题。

第一，陕北矿业搞全面预算管理不是一味地以效率为导向，少开支，甚至不开支。效率衡量的是投入与产出的关系，但企业管理还要强调效果。只有将效率和效果结合起来，才能产生效益。一项开支只要是有效果的，即使这项开支效率低，也要开工建设，剩下的工作就是如何降本增效，而不是不开支。

第二，通过全面预算管理、绩效管理、内部市场化与岗位价值核算紧密结合，完善规范各项工作考核体系建设，将公司利益和职工个人利益有效结合，落实工作职责，实现经营压力传递，实现"降本增效"目标。

提高经济效益一直作为企业发展的直接目的而存在，经济效益决定了企业的稳定与发展。通过何种方式提效益或者提高经济效益的着力点成为各大煤企研究的重点，陕北矿业提效益措施主要是基于以下几方面思考：一是公司目前有大量闲置土地、设备、物资以及应收账款急需盘活，盘活上述资源能够及时地注入流动资金；二是当前煤企的竞争，一定程度上已经从以前的比规模、比速度转变为比质量、比效益，因此如何提升产品质量，及时调整产品结构变得尤为重要；三是随着销售格局的变化，优化销售结构，细化市场划分已势在必行；四是随着新能源行业的崛起，如何通过创新与改革实现传统能源的清洁与高效利用，实现科学开采，如何将自身技术转化为生产力成为未来煤企突破发展瓶颈的关键。基于以上考虑，陕北矿业提出"三优两强"来提高效益，即通过优化存量资产、优化产品结构、优化销售结构、强化科技创新、强化自主改革实现企业效益提升。

（1）优化存量资产提效益

盘活存量资产，主要是针对当前闲置或未开发资源进行盘活利用，主要包括人、财、物在内的闲置资源。盘活企业存量人力资源主要是解决人员冗余、结构不科学等问题，重点通过清理长期不在岗人员、辞退劳务工以及实施定编定员将超编机关管理人员补充到区队等措施，实现职工队伍精干高效、配置合理、结构科学。盘活企业存量资金主要是解决呆坏账多、现金流紧的问题，关键是通过依法清收涌鑫矿业公司外欠货款、积极回收集团内部欠款，最大限度处理呆坏账，补充现金流，降低企业财务风险。盘活企业存量物资主要是盘活企业当前闲置的土地、房地产、固定资产、机器设备等资源，通过开发利用乾元能化公司闲置土地资源、拍卖出租大哈拉煤矿房地产以及机器设备等途径，增强公司闲置物质的流动性和变现能力。

从实践的角度来看，短期内主要是从以下四个方面进行存量资产盘活：

一是将公司在石圪台村南部购买的 $6667m^2$ 土地，考虑开发租赁或征得同意进行出售变现。控制目标为：盘活 $6667m^2$ 闲置土地。

二是将涌鑫矿业公司闲置公寓楼向生产服务分公司或外委队伍出租。控制目标为：完成涌鑫矿业公司闲置公寓楼出租，并收取租赁费用。

三是对物资集团统购前"U8 材料物资"寻求集团内部企业进行内部调剂、消化；坚持物资分公司物资代储代销、以领定购制，降低材料物资库存量。控制目标为：闲置材料实现内部调剂；降低材料库存。

四是在全公司范围内开展一次全面的财产清查工作，对积压闲置物资、固定资产、无形资产以及不产生经济效益的所有资源进行摸底排查。控制目标：整理盘点资料，对闲置、不需用和未使用的资产等提出处理方案，并落实到位。

（2）优化产品结构提效益

一方面推进安山洗煤厂建设工作和韩家湾洗煤厂系统改造升级工作，通过深度洗选加工、精益生产、定制生产，优化两矿产品结构，提升产品市场竞争力。另一方面通过国富炉项目，进一步延长和丰富企业产品链条，通过开发富有市场潜力的煤化工产品挖掘新的利润增长点，最大限度地提升企业经济效益。

从具体实践来看，短期内公司采取如下措施：一是要优化产品结构，提高煤炭质量，韩家湾矿块煤产出率争取提高到40%；二是涌鑫公司选煤厂建成后，新增洗中块、洗小块等产品。控制目标为：一方面韩家湾矿块煤产出率不低于40%，限下率籽煤≤16%，中块≤18%，发热量籽煤≥5750大卡/千克，中块≥5850大卡/千克；另一方面安山矿选煤厂严格按照进度要求施工，确保2019年年底建成，按质按量给新元电厂供应2号混煤。

（3）优化销售结构提效益

一是开发混煤、精煤需求量大的客户；二是优化销售环境，保证销售正常。控制目标：开发新用户；在产品质量正常的情况下，销售不能影响正常生产。

（4）强化科技创新提效益

一方面要借助国家实施"大众创业，万众创新"的战略举措，努力营造全员创效、全员营销的工作氛围，创新降本增效工作措施和方法，注重职工小改小革以及发明创造的实践应用，创新煤炭销售模式，通过全员营销拓宽销售渠道，全力提升企业盈利能力。另一反面要充分应用"互联网＋"思维创造性地开展治亏创效工作，通过信息化、数字化、智能化技术降低企业生产经营成本。此外，还要重视平台经济建设，树立供应链思维，将企业原煤生产、煤化工项目以及电厂项目统筹纳入行业整体供应链，科学研判上下游行业走势，使企业尽早建立比较优势，赢得市场份额。

从公司实践来看，短期内主要是实施分公司双臂锚杆钻机试验工作，提高工效，两个掘进工作面形成双臂锚杆钻机支护系统。探索实施分公司掘进机全断面自动化掘进技术，提高单进速度。

（5）强化自主改革提效益

当前，公司自主改革的关键是通过树立价值创造理念，积极培育独立的市场主体意识和成本竞争意识。集团公司对公司的定位为利润中心和成本费用控制中心，降本增效是公司生产经营的直接目的，因此要摒弃以往"等、靠、要"的思维模式，积极培育独立的市场主体意识，逐级传递生产经营压力，通过树立主人翁精神动员全体职工降本创收，系统对标行业内成本领先企业，通过大力调整产品结构，加强煤质管理，提高产品市场竞争力，为企业治亏创效赢得先机。

从公司自主改革的实践来看，一方面要加强自营工程管理，提升企业效益；另一方面要推进设备自主维修，降低费用，提升经济效益；同时鼓励全员小改小革，加强自身创新应用。控制目标：通过自主经营、自主维修、自主创新，降低企业运营成本，提升经济效益。

2.4.2 　"计量承包＋总额承包"模式

利用承包机制确保企业效益是陕北矿业的一大特色。例如，生产服务公司在传统承包制的基础上提出了"计量承包＋总额承包"模式。计量承包为对有量可计的生产区队在生产过程中的投入，按工程量的成本费用单耗计算承包总额。总额承包为对负有管理和控制职能的科室进行成本费用项目总额承包。各单位通过成立材料成本管理小组，并将本单位承包费用分解到班组，实行三级承包管理，见图 2 - 6。

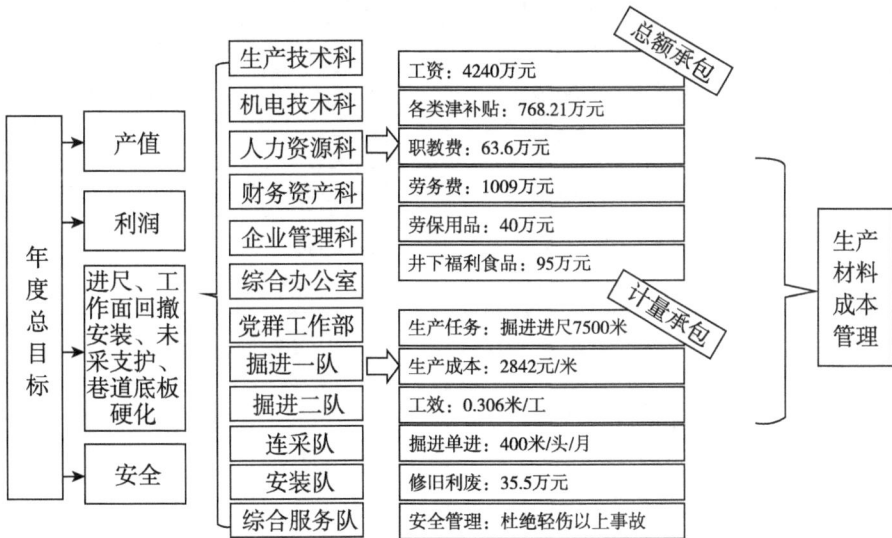

图 2 - 6　"计量承包＋总额承包"模式

例如，陕北矿业生产服务公司机电技术科总承包材料费用 1809 万元，综掘一队、综掘二队、安装队等单位各承担相应的费用。在此基础上，再将本单位承包费用分解到班组，实行三级承包管理，见图 2 - 7。

单位	2017年生产任务	总费用	支护材料(含木材)	配件	油脂	其他材料	建工材料
综掘一队	8000米	225.76万元	160元/米	55元/米	7.2元/米	60元/米	
综掘二队	7500米	219.65万元	170.67元/米	55元/米	7.2元/米	60元/米	
2⁻²煤掘进	3098米	74.80万元	96.84元/米	65元/米	9.6元/米	70元/米	
3⁻⁴煤掘进	11402米	464.34万元	285.04元/米	55元/米	7.2元/米	60元/米	
安装队	4次	300.12万元	50.75万元/次	7万元/次	1.28万元/次	16万元/次	
服务队	9000立方	215.24万元		2.4元/立方	16元/立方	31.04元/立方	205.56元/立方
合计		1499.91万元					

各单位必须成立材料成本管理小组,并将本单位承包费用分解到班组,实行三级承包管理

图2-7 三级承包管理

工资结算方式具体为:综掘一队、综掘二队、连采队、综合服务队实行单价结算;安装队实行百元工资含量结算;公司机关实行预算管理,见表2-1。

表2-1 工资结算方式

区队		生产任务	基础单价	超额单价
综掘一队		7500 米	920 元/米	1200 元/米
综掘二队		7500 米	920 元/米	1200 元/米
连采队	2⁻²煤	4000 米	800 元/米	990 元/米
	3⁻⁴煤	10000 米	920 元/米	1200 元/米
安装队		3360 万米	17 元/百元	
综合服务队		9676 立方米	160 元/立方米	

2.5 抓机制

2.5.1 全面预算管理机制

"机制(mechanism)"一词最早源于希腊文,原指机器的构造和动作原理。可以梳理出来。经营管理机制表示一定时期某经营管理主体经营管理构成要素之间相互联系和作用的关系及其功能。在任何一个系统中,机制都起着基础性的、根本的作用。

全面预算管理作用的发挥关键也在于理顺各种机制，机制通常包括安全、生产、利益等方面，《史记》上讲："天下熙熙皆为利来、天下攘攘皆为利往"。这说明，利益机制是一切经营管理机制的基础。因此抓预算管理，必须抓住利益分配机制这个龙头。

在领导机制上，陕北矿业成立了由公司全面预算领导小组、全面预算管理办公室、所属各单位全面预算领导小组和工作机构构成的组织管理体系。

在预算编制机制上，公司编制预算按照"上下结合、分级编制、逐级汇总"的程序进行。

在预算报告机制上，公司财务部利用财务报表监控预算的执行情况，及时向预算执行部门或主管领导提供预算的执行进度、执行差异及其对预算目标的影响等财务信息。

在激励约束机制上，全面预算管理纳入月度（年度）机关相关部门的目标管理考核中，月度未能完成扣减该部门百分制分值的 5 分，年度考核与年终奖金兑现挂钩，等等，见图 2 - 8。

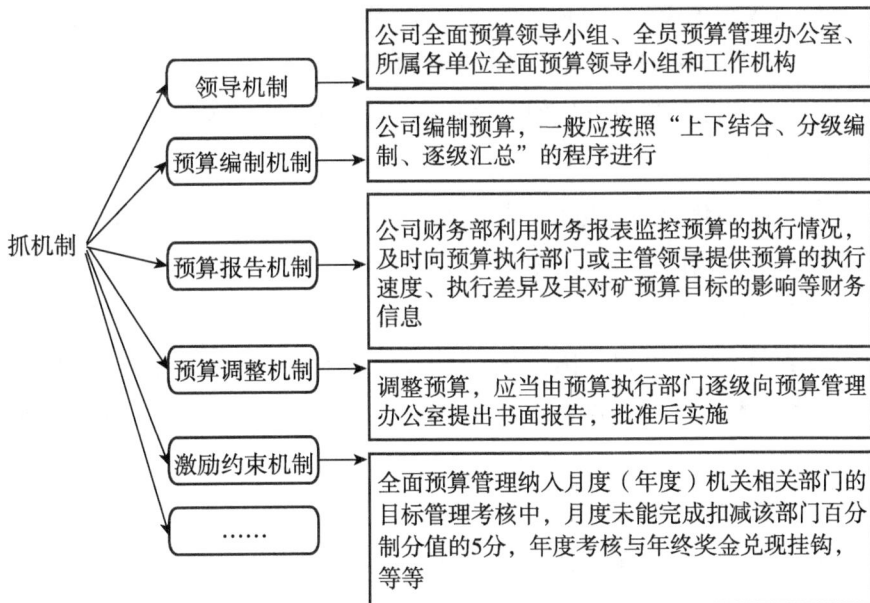

图 2 - 8 陕北矿业全面预算管理机制

2.5.2 十项工资激励政策

本小节以 2017 年的公司经营情况为例。

为确保公司 2017 年经营目标的实现，公司本着增收节支和开源节流的原则，出台了十项工资激励政策。这些机制明显地确保了公司 2017 年度各项预算目标的实现。

① 公司考核各单位的各项生产经营指标，除乾元能化公司执行本次调整指标外，其他单位仍执行公司年初下达的指标，调整指标仅适用于本次工资激励政策。

② 公司完成年度生产经营项目，且本单位完成考核指标，可发放年终奖和增发一个月的工资。

③ 韩家湾煤炭公司、涌鑫矿业公司完成年度产量奋斗目标分别奖励 150 万元；超奋斗目标部分吨煤奖励 10 元。涌鑫矿业公司洗煤厂下半年洗煤 100 万吨以上，奖励 50 万元。

④ 生产服务分公司全年综合单进达到 420 米/头/月，奖励 200 万元。

⑤ 韩家湾煤炭公司、涌鑫矿业公司、生产服务分公司全年实现奋斗目标利润，分别奖励 150 万元、150 万元和 100 万元；两矿超奋斗目标利润部分，分别按超盈额的 2% 奖励。神木运销公司年度盈利，按照盈利额的 40% 进行奖励。

⑥ 乾元能化公司发电厂、国富炉，下半年亏损额分别控制在 600 万元、1790 万元以内，分别奖励 50 万元。电厂下半年月度亏损额控制在 100 万元以下、100 万元 ~ 200 万元、200 万元以上，工资分别按 100%、90% 和 80% 结算。电厂 9 月、国富炉年底前，完成体制机制完善工作；9 月起，所有数据执行财务核算制，不得采取倒算等统计方法，3 项未按时完成，分别扣减领导班子成员 3% 的绩效年薪。

⑦ 粉煤热解项目部完成工作目标任务，奖励 10 万元。

⑧ 韩家湾煤炭公司、涌鑫矿业公司年度原煤平均发热量达到 5250 大卡/千克、4550 大卡/千克以上，各奖励 50 万元。

⑨ 韩家湾煤炭公司、涌鑫矿业公司年度原煤单位完全成本节超，按节

超额的 5% 奖罚（不考虑调整因素）；乾元能化公司电厂若完成下半年完全成本目标，奖励 20 万元。

⑩ 重点工作推进。

第一，涌鑫矿业公司沙梁煤矿三条大巷 8 月中旬开工、供水供电 10 月投入运行、地面选煤楼及联建楼年底完成基础建设，3 项分别奖励涌鑫矿业公司 30 万元（其中 10 万元奖励该公司董事长、总经理、分管基建副经理）。未按时完成，按项目分别扣减该单位领导班子成员 3% 的绩效年薪，对涌鑫矿业公司董事长，总经理、分管基建副经理加倍扣减。

第二，乾元能化公司国富炉污水处理厂及加热炉 8 月完工、型煤项目 10 月运转，3 项分别奖励乾元能化公司 25 万元：未按时完成，分别扣减该单位领导班子成员 3% 的绩效年薪。

第三，涌鑫矿业公司沙梁煤矿 3 项重点工作按时完成，分别奖励公司规划发展部 5 万元；乾元能化公司 3 项重点工作按时完成，分别奖励公司煤化工管理部 2 万元。

第3章　跳出传统误区

全面预算管理是一种系统的管理方法，通过预算对企业内的各个部门、各个单位的财务及非财务资源进行分配、考核、控制，以便有效地组织和协调企业的生产经营活动，完成既定的经营目标。但在实际管理中，全面预算管理却存在诸如全面预算等同财务预算、预算不可调整、全面预算只是财务人员的工作的误区。本章结合煤炭企业全面预算管理实际，论述陕北矿业如何从传统误区走出来，创新和实践煤炭企业全面预算管理。

3.1　由计划管理转向全面预算

3.1.1　传统计划管理

由于业务预算和决策预算并没有真正在三大报表中体现，且企业习惯于考核和监督财务预算的执行情况，因此就很容易造成"全面预算就是财务预算"的误解。实际上，财务预算只是全面预算的一部分，它是一定时期内企业业务预算与决策预算在经济价值上的反映。

全面预算管理是一项复杂的系统工程，需要得到全员的参与。如果想当然认为全面预算管理只是财务部或者财务人员的工作，那就有点狭隘了。一方面，除了财务人员外，业务部门和人力资源等业务部门、支持性部门需要从下至上做好预算编制的基础工作；另一方面，高层管理者也需要从上往下对预算目标进行分解并安排到各个业务单元。最终，在经过诸多的评审、反馈和修订的循环后，才能得出一份上下达成一致共识的全面预算方案。

全面预算管理不是会计管理工具，它不是单纯的财务预算，并不限于财务部门的资金规划，也不仅仅是控制支出的工具。全面预算管理是使企业的资源获得最佳生产率和获利率的一种管理模式。这种模式的基础是公司治理结构，起点是企业的发展战略，核心则是企业经营管理的全过程。因此，陕北矿业从一开始就将全面预算管理定位为实现企业战略的经营管理平台。

全面预算管理不是传统的计划管理。传统的计划管理是计划经济体制下的产物，在市场经济环境中，计划管理已不能适应经济发展的要求：传统计划管理是一种封闭式管理，在开放的市场中存在严重的不适症，战略性更是无从谈起；传统计划管理关注的是生产、安全等数量指标，市场关注的却是价值指标；传统计划管理是一种以集权为主的管理，企业和员工的自主规划性较差；传统的计划管理重点仅在于计划本身，其执行过程、结果与利益并无直接关系等。全面预算管理则应该是一种开放式、自主式、价值化的战略导向式管理，见图 3-1。

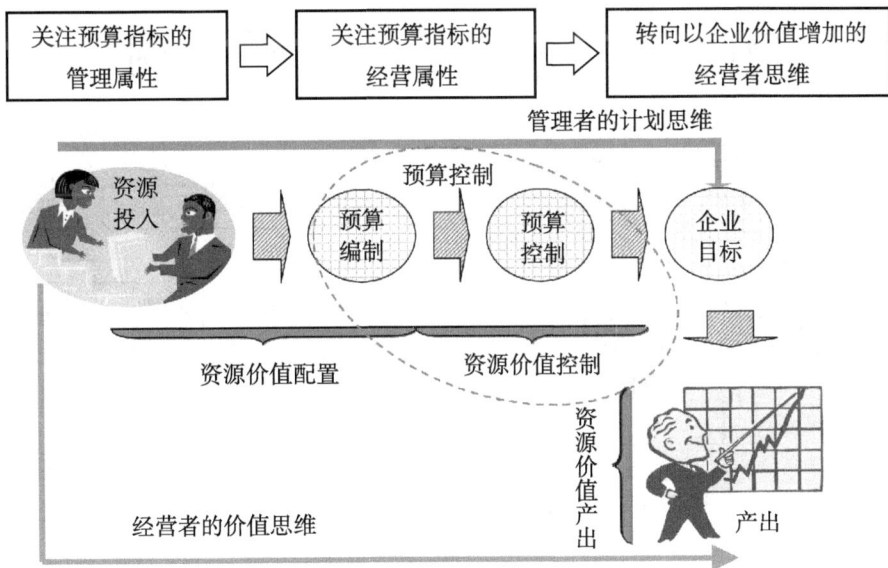

图 3-1 全面预算管理的思维转变

3.1.2 全面预算管理

事实上，传统计划管理体现的是管理者思维，用预算指标静态地管理各项工作，强调的是完成各项目标。而全面经营管理体现的是经营者（投资者）的价值思维，即预算管理的核心在于提升企业的价值，强调的是完成企业价值增值。

在预算管理模式上，主要有资本支出预算管理模式、销售收入预算管理模式、成本费用控制预算管理模式、目标利润预算管理模式。陕北矿业实行的是一项集成的预算管理模式，即以经营管理战略目标为导向的全面经营管理模式。该模式的核心就是以目标利润为起点，全面整合业务流、资金流、信息流、人力资源（工作流）和物流，通过对财和物的运行方式——资金流和业务流进行事前的规划，并将其按照权责范围落实到相应的责任人身上，从而实现业务流、资金流和工作流的统一。再将业务体系和数量价值体系整合到信息体系和物流中，实现企业运行和管理的高度信息共享化和供应链一体化，进而实现"五流"的高效合一，见图 3 − 2。

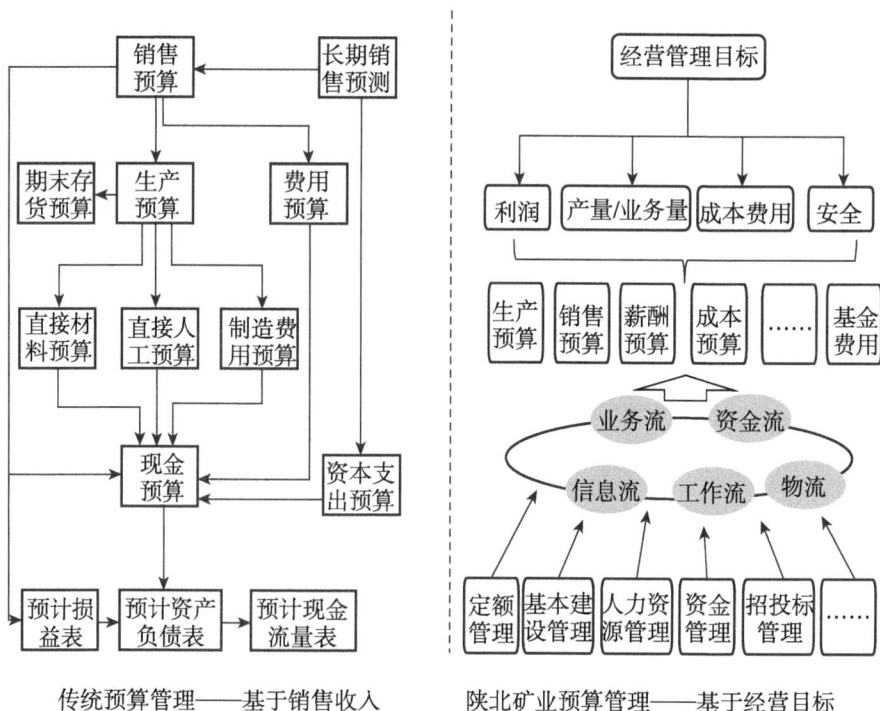

传统预算管理——基于销售收入　　　　陕北矿业预算管理——基于经营目标

图 3 − 2　陕北矿业全面预算"五流合一"模式

3.2 由管理驱动转向岗位驱动

3.2.1 管理驱动

煤炭是一种非常重要的战略资源，也是我国经济发展和社会进步的重要命脉。在综合考虑能源资源禀赋特征、经济新常态和可再生能源发展瓶颈后，煤炭仍然是我国经济发展和社会进步的重要支撑，煤炭生产开采与洗选行业将肩负起确保我国能源供给安全的重要使命。在煤炭行业"黄金十年"发展期间，高煤炭价格掩盖了煤炭企业管理粗放这一突出问题。当下，我国正在进行经济供给侧改革和能源革命。对于煤炭产业而言，进行煤炭革命和转变发展方式是煤炭产业积极面对气候变化、生态环境保护和可持续发展的唯一出路。煤炭革命不是"革煤炭的命"，而是"革传统组织、生产、运营和利用方式的命"。对于具体的煤炭生产管理环节而言，煤炭革命主要包括：一是解放思想、根除阻碍发展的心智和行为模式以及转变内在驱动机制，即员工自身革命；二是消除生产过程中各种各样的浪费现象达到降低成本之目的，即物上的革命；三是变"单一的经营主体、创新主体、创业主体和价值主体"为"多元的经营主体、创新主体、创业主体和价值主体"，激活各种生产要素的价值创造机能，即商业模式上的变革。只有做到"人—物—模式"变革的内在统一，才能实现煤炭企业乃至整个行业的"增值"。

既然全面预算管理是一项需要全员参与的系统工程，那么也就意味着它需要匹配极高的企业管理水平，而且各个业务单元的工作人员也需要有较高的财务认知水平。因此，在推行全面预算管理之前，企业必须对自身的管理水平有一个较好的认知，公司上下也需要认识到全面预算管理并不能一蹴而就：一方面，要加强对各个业务单元工作人员的财务培训，提升整体工作人员的财务认知水平；另一方面，要制定契合公司实际的全面预算管理方案，由易到难，循序渐进。

3.2.2 岗位驱动

在市场竞争日趋激烈下，企业如何将经营压力和市场压力传递给每个岗位员工，把员工的责权利统一起来，并使员工成为价值创造的主体是企业实现可持续发展的关键所在。传统上，煤炭企业员工的"压力承担者"和"价值创造者"是独立存在的。一方面，员工承担的"压力"是企业运用全面预算管理、全员目标管理、绩效管理 KPI 指标体系等纵向"分解"而成的，从煤矿到区队，从区队到班组，从班组到岗位，从岗位到员工，似乎做到了"千斤重担众人挑、人人肩上有指标"，但是这种指标对于员工来讲，仅仅是管理层面的；另一方面，员工获得收入，却是通过岗位工资制度或者平均主义原则等"分配"而成的。这样，"分解"而成的目标与"分配"而成的工资，都不是员工所能决定的，见图 3-3。

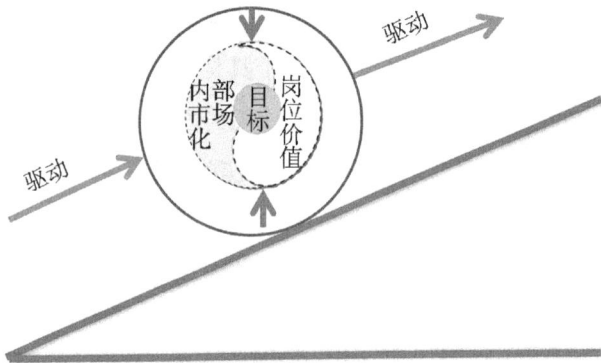

图 3-3　岗位价值核算和内部市场化驱动

陕北矿业通过岗位价值管理有效地将"压力承担者"和"价值创造者"统一起来。第一，通过划分具体的岗位，并对岗位进行独立核算，让岗位成为真正的市场主体，承担的压力自然就不是"分解"形成的了，而是主动追求的；第二，采用按量计分、以分计资分配办法，收入跟所创造的岗位价值紧密结合起来，获得的收入不再是"分配"而成的，而是"创造"出来的；第三，在公司、煤矿、区队、岗位、员工每个层面，通过创新收入分配机制和管理办法，将从上到下的经营管理压力链和从下到上的价值创造链有效地结合在一起。

3.3　由一味地降本导向转向算效益总账

3.3.1　一味地降本

企业和企业的主管部门均认识到了全面预算管理的有效作用,并把是否实施全面预算管理作为衡量企业管理水平高低的一个标准,但对预算到底应该是什么样子,如何安排和实施预算,尚缺乏深刻的理解。不少企业为了在企业管理水平认定方面能得到有关部门和单位的认同,纷纷实施预算管理,并制定了一系列有关预算管理的制度性文件。实际上,企业实施预算管理是提高企业整体管理水平的重要手段,而不是衡量管理水平高低的标准,预算管理的核心在于对企业未来的行动进行事先安排和计划,对企业内部各部门、单位的各种资源进行分配、考核和控制,以使企业按照既定目标行事,从而有效实现企业发展战略。所以,企业不能只将预算管理作为管理制度的组成部分去填补制度空白,而应将预算管理作为实施企业发展战略的具体手段,重点不在于企业有无预算管理制度,而在于预算管理是否有效实施和落实。

预算起源于美国的政府开支,在企业的应用也是从管理费用开始的。企业尽管实施了全面预算管理,但对管理费用的支出仍实行预算控制的办法。由此大多数认为,对管理费用实施预算管理主要目的就是能通过预算控制费用,以使费用支出不超过预算。在这种指导思想下,很多企业都规定了管理费用超支或节约奖惩办法。但导致的结果是,有些管理部门为了节约费用,得到相应的奖励,削减了一些必要的活动。从而产生了减少工作,多得奖励,消极怠工的矛盾现象,这与实施管理费用预算控制的目的相违背。在管理费用预算控制方面,正确的做法是:制定和审批管理费用预算时,宜采用零基预算的做法,根据实施有利于企业管理战略的管理活动,分项制定和审查其费用预算的合理性;进行预算考核时,应首先看其中管理活动是否按质完成,只有在 100% 完成各项管理活动情况下节约费用才可获得适当的奖励。

因此，全面预算管理既"抠"小账，更算"大"账，要在增加效益前提下合理降本。

3.3.2 算四个"总账"

一个企业要生存和发展，降本增效将是一个永恒的主题，它贯穿于企业的整个生命，与企业同生死、共存亡。但在全面预算管理实际工作中，企业很容易走入降本增效的误区，很可能会出现降本而不增效，甚至减效的现象。

实际上，陕北矿业算的就是四个"总账"，见图 3 - 4。

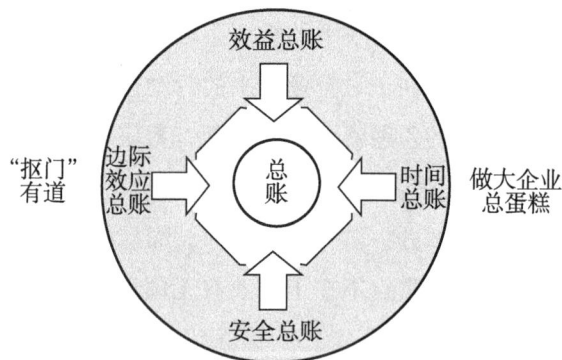

图 3 - 4　陕北矿业全面预算算四个"总账"

首先，降本增效不能只顾眼前利益，要算效益总账。个别单位单纯地把降本增效当成一项任务、指标来完成，没有长远规划，只顾眼前，为了降低成本，在工作过程中偷工减料，甚至干脆不花。这种方法是行不通的，要立足企业整体，处理好局部与总体的关系。例如，在稳定采掘接续关系、生产系统正常运转、人员保障等方面，就要做到"有增无减"。

其次，不能三天打鱼两天晒网，要算时间总账。降本增效应建立一个长效机制，这不是一天两天或者一个月两个月的事，只要企业存在一天，降本增效就存在一天，所以必须持之以恒。"只要功夫深，铁杵磨成针"。前面已经提及，陕北矿业降本增效从 2011 年来就开展起来了，年年不松懈，事事不放过，"勿以恶小而为之，勿以善小而不为"。2018 年，公司按集团公司统一部署，在定额管理、标准管理方面更加深入，促进了企业全面预算管理向纵深方向发展，全面提升企业的抗风险能力和夯实企业发展基础。

再次，要将抠门"一分为二"，要算边际效应总账。什么是边际效应，就是增加或减少 1% 的开支能带来的效应增加比例。陕北矿业坚持做到该大气的地方一定不能抠门。比如，企业的科技研发经费，创新成果、合理化建议的激励等，该花钱就应当毫不吝啬地花。这是在算边际效应总账，因为这些工作的开展将产生数倍于上述成本的效应。

最后，降本增效不能违背安全生产的原则，要算安全总账。煤炭企业，安全是天，是最大的效应。没有安全做保障，一切都是空谈。降本增效也是一样，必须以安全为前提，如果我们一味地想到降本，而忽略了它的安全因素，极有可能引发安全事故，造成重大人身伤害、设备事故。

总之，不能一味地降本，要关注总账，注重增加企业价值。

3.4　由财务部门的事转向全面管理

3.4.1　财务部门的事

全面预算是财务收支预算的延伸和发展，这导致很多人都认为预算是财务行为，应由财务部门负责预算的制定和控制，甚至把预算理解为是财务部门控制资金支出的计划和措施。随着管理的计划性加强，全面预算逐渐受到管理层的重视，全面预算是集业务预算、投资预算、资金预算、利润预算、工资性支出预算以及管理费用预算等于一体的综合性预算体系，预算内容涉及业务、资金、财务、信息、人力资源、管理等众多方面。尽管各种预算最终可以表现为财务预算，但预算的基础是各种业务、投资、资金、人力资源、科研开发以及管理，这些内容并非财务部门所能确定和左右。财务部门在预算编制中的作用主要是从财务角度为各部门、各业务预算提供关于预算编制的原则和方法，并对各种预算进行汇总和分析，而非代替具体的部门去编制预算。首先，预算管理是一种全面管理行为，必须由公司最高管理层进行组织和指挥；其次，预算的执行主体是具体部门，业务、投资、筹资、管理等内容只能由具体部门提出草案。所以，全面预算并非仅可由财务部门独立完成的。在实务中，认为预算是一种纯财务行为的看法是无法使预算管理得到有效实施的，必须明确企业的董事会、财务部门、业务部门、人力资源管理部门、科研开发机构在全面预算中各自的角色和应履行的具体职责。不过也得注意将预算指标独立于会计核算系统之外的倾向。如企业安排部门费用预算时，不应仅考虑付现费用的预算，而应从财务会计角度将付现费用和非付现费用一并考虑，在安排收入预算时，不应仅考虑新增供货合同的情况，而应从会计对收入确认的原则和方法角度，充分考虑原有合同在预算期间的执行以及新增合同在预算期间的实现情况，等等。总之，预算指标的确定不是纯财务行为，但应以现有的财务会计方法为依托，与现行财务会计报告口径相衔接。

全面预算管理是一项复杂的系统工程，需要得到全员的参与。如果想当然认为全面预算管理只是财务部或者财务人员的工作，那就有点狭隘了。一方面，除了财务人员外，业务部门和人力资源等管理部门、支持性部门需要从下至上做好基础的预算编制；另一方面，高层管理者也需要从上往下对预算目标进行分解并安排到各个业务单元。最终，在经过诸多的评审、反馈和修订的循环后，才能得出一份上下达成一致共识的全面预算方案。

许多企业普遍地认为预算编制主要是财务部门的工作，其他部门只需要了解和知晓，必要时给予财务部门一定的协助就可以了。产生这种认识主要有两个方面的原因：一是预算管理本身有一定的难度。全面预算管理需要一些专业技术和计算方法。比如从传统的基于成本中心会计的预算，到项目和资金预算技术，以及作业预算法；从"固定预算"到"弹性预算""滚动预算""零基预算"；从"以销售为目标的预算"到"以利润为目标的预算"，等等。这些对于非财务的职能部门来说，简直是眼花缭乱。二是对全面预算管理的理解和认识不够，非财务的职能部门自然而然地把从全面预算工作视为财务部门独自承担的专业工作，对分配下来的预算工作产生非常大的逆反心理。

3.4.2　全员、全额、全程、全链

实际上，全面预算管理是一种全员、全额、全程、全链的管理过程。

"全员"是指预算过程的全员发动。包括两层含义：一层是指"预算目标"的层层分解，人人肩上有责任，建立全员的"成本"和"效益"意识；另一层含义是企业资源在各单位之间的一个有效协调和科学配置的过程，通过企业各职能管理部门和生产部门对预算过程的参与，把各单位的作业计划和公司资源通过透明的程序进行配比，分清"轻重缓急"，达到资源的有效配置和利用。

"全额"是指预算金额的总体性。企业预算不仅包括财务预算，更重要的是包括业务预算和资本预算。经营管理不仅关注日常经营活动，还关注投资和资本运营活动；不仅考虑资金的供给、成本的控制，还要考虑市场需求、生产能力、产量、材料、人工等资源间的协调和配置。

"全程"是指预算管理流程的全程化。预算管理不能仅停留在预算指标的下达、预算的编制和汇总上，更重要的是要通过预算的执行和监控、预算的分析和调整、预算的考核与评价，真正发挥预算管理的权威性和对经营活动的指导作用。这就要求企业的预算管理和会计信息系统密切配合，预算执行过程中的任何反常现象都应该通过会计信息系统地体现出来，通过预算中的预警制度，及时发现和解决预算执行过程中出现的经营问题或预算目标问题，并通过预算的考核和评价制度，有效地激励经营活动按照预期的计划顺利进行。

"全链"是指预算管理要实现把企业"业务链、资金链、信息链、工作链和供应链"整合起来，一切皆要事先"预算"，形成企业日常经营管理的"法律文书"。从公司战略到日常运营，全面预算管理是衔接它们的纽带，要想实现既定资源到最大化产出，就必须需要全面预算管理这个资源最优配置工具。通过业务链、资金链、信息链、工作链和供应链的预算、控制、考评，实现效益最大化。

3.5　由领导参与不够到一把手工程

3.5.1　领导参与不够

预算草案上报后，预算的审批就成为关键。预算审批是企业实施预算管理的核心内容，大多数人认为这是一个讨价还价的争论过程。实务中，大多数企业的管理层在审批预算草案时，多以预算结果满意度作为是否批准该预算的主要依据，只要预算结果在管理层可接受的满意程度之内，预算就会被批准。这实际上是形式主义在预算管理中的表现，不符合预算管理的本质要求，满意度的高低无法衡量，带有很大的主观成分，也容易产生腐败。为了使预算能真正起到细化战略管理的作用，预算的审批应注重预算草案的编制假设或编制依据是否与企业发展战略一致，预算编制的内容是否完整，预算指标的计算方法或确定原则是否与企业预算制度规定的原则和方法吻合。也就是说，预算审批应注重预算编制内容、编制过程和方法的合理性，而不能只注重预算结果。因此，在审批预算时，企业管理层应成立专门的预算管理委员会，由与预算内容有关的部门的专业人员分别从各自的专业角度提出问题，并由预算编制单位进行答辩，最终由预算管理委员会综合考虑，决定是否批准预算草案。

3.5.2　一把手工程

陕北矿业一直强调全面预算不仅是财务预算，更是经营预算，有效的预算管理应该能够正确地指导经营。为更好地发挥预算管理的作用，首先应明确预算管理的责任，预算管理是一把手工程，各级经营主体（公司、费用中心、部室、区队、班组）负责人是全面预算管理的第一责任人。

第一，在预算编制方面实行一把手工程。预算的编制过程是企业资源的分配和共享工程。资源分配过程好理解，关键是信息共享过程。信息共享是企业的一种"独特的核心能力"，是企业在竞争性市场上提高竞争优势、创造价值的重要手段。但这两个过程都必须由各级"一把手"点头，没有一把手的亲自参与，各单位就会形成信息孤岛和重复做一些工作。例如，劳动定额标准的测定，就没有必要各单位都亲自去做，完全可以统一起来做，只需在具体参数上针对各自单位实际情况进行调整即可。

第二，在预算执行方面实施一把手工程。全面预算管理成功实施的关键在于要使预算真正成为企业的"硬约束"。一方面，准确、合理的预算本身并不能改善经营管理、提高企业经济效益，只有认真且严格执行预算，使每一项业务的发生都与相应的预算项目联系起来，才能真正达到全面预算管理控制的目的。另一方面，预算准确性和预算控制力度具有相互作用，除了预算方法和环境的因素外，预算执行的随意性也是造成"预算准确性差"的重要原因。这时，一把手的态度和主动性则成为预算执行的关键。

第三，在预算考评方面坚决落实一把手工程。要把奖罚的着力点放到各级单位一把手身上，才能产生效果。

3.6　由控制转向激励

3.6.1　支持企业战略不够

事实上，许多企业预算没有很好地支持公司战略，甚至与之产生冲突。预算编制往往以考虑上年完成情况的变动幅度为主，编制人员也容易陷入繁重的数据调整和勾稽关系比对中。

企业经营管理是一个复杂系统，期望仅仅通过数据勾稽作一番"表面文章"来得出全面预算，将收效甚微。预算真正要发挥其辅助战略目标实现的作用，不但要考虑所有直接影响公司经营绩效的因素（这才是"全面"二字的正确含义，而并非是指涵盖所有的会计科目或财务报表），而且更为重要的是要与企业绩效管理体系相结合，形成一个完整的、广义上的企业业绩控制系统，预算才能够名副其实地扮演起战略监控的角色。

陕北矿业的做法就是将预算管理与绩效管理在不同层次上对应起来。公司根据集团公司战略和外部环境变化，及时对战略进行调整。年初依据战略制定整个公司的经营管理目标，然后分解形成各级单位（公司—职能部门/二级单位—区队/科室—岗位）的预算指标。预算指标是主要的绩效考核标准，月末和年末预算指标的执行情况纳入绩效考核当中，做到了"战略布局、预算跟进、绩效管控"一体化，见图3－5。

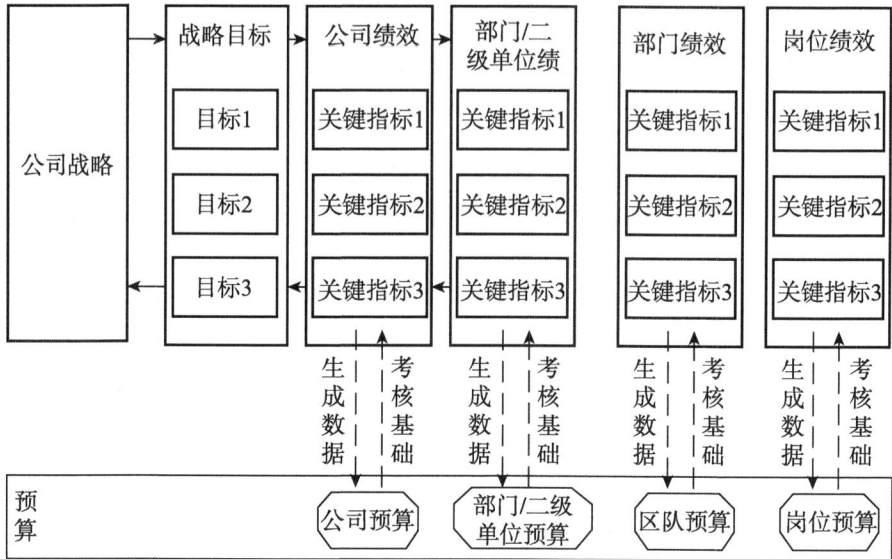

图3－5　陕北矿业的突破在于"三驾马车"的统一

3.6.2　预算在于激励

全面预算管理是一个十分重要的管理工具，它已超越原来"成本和费用控制"的意义，而是从企业系统的角度，把它纳入企业战略管理体系中，把预算过程当作一个计划过程。而不是仅仅当作一种纯粹的业绩衡量和控制的工具。

第一，变要我控制为我要控制。在这一点上，主要体现在陕北矿业在全面预算管理上的认知。韩家湾煤炭公司和其他煤炭企业一样，在新时代背景下也面临着能源结构转型、市场经营压力巨大和转型困难的问题。过去是单纯地服从陕北矿业的安排，自从实行全面预算管理以来，通过推行岗位价值核算和内部市场交易，认识到了节省下来的就是自己的和蛋糕大了才能分得多。现在，韩家湾煤矿在全面预算管理上已经形成了主动控制态势。

第二，变大锅饭为"小灶"。在这一点上，主要体现的是"逐级承包下的四级核算方法"。在明确各费用中心、部室、区队、班组四级管理责任的基础上，按照承包范围、指标金额、管理层级深入推行"逐级承包"，通过进一步细化核算单元，在材料费、期间费用等方面，采取"逐级承包"方式，把成本费用控制指标细化到班组核算乃至个人核算。

第三，变吃"粗粮"为嚼"细粮"。这一点，主要体现在单位的内部市场化上。为了深化全员自主经营意识，实现区队内部市场独立主体地位，陕北矿业深入推进"区队出煤、矿井买煤"内部市场化运作结算机制，在区队原煤产量对接月度工资结算的基础上，探索引入内部结算单价，以高产对接高单价的形式，充分挖掘生产组织潜力，切实提升原煤生产工效，促进员工能产、多产的积极性。

第4章 关键举措

管理行为要追求边际效应。讲边际效应，就要找各种"关键点"。何为关键点，有三条标准：一是薄弱点，在这点上，每个企业不一样，不同的地质条件、工艺、设备、资源配置、管理模式造成了薄弱点不一样；二是效果明显点，管理上讲的成本效益原则就是指的这个点，什么措施可以采取，就是采取该措施的收益要大于相应的成本；三是有重大影响的点，过去在某个方面的开支，一直是企业的老大难问题，要敢于向这些问题"下刀子"，例如基本建设的"三无工程"和"概预算和设计"等，解决了这些有重大影响的点，就能起到较强的示范效应。

4.1 重大成本费用开支

通过实践，陕北矿业全面预算管理成效突出的地方比较多，一些是企业学习其他企业的成功做法，而更多的是企业在"消化、吸收和再创新"中形成的关键举措，这些举措主要体现在以下五个方面，见图4-1。

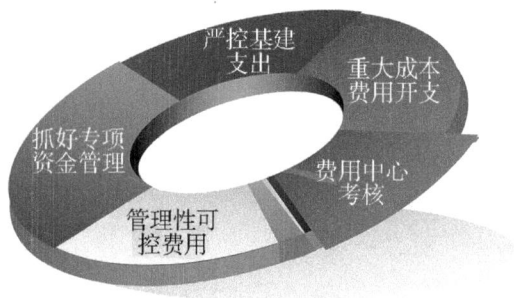

图4-1 陕北矿业全面预算管理关键点

4.1.1　重大成本费用界定

陕北矿业在煤炭行业开始呈现出疲软态势之前，从 2012 年开始，就清醒意识到在今后较长一段时期内决定煤炭企业生存的核心因素就是成本。"成本为王"，谁能管控住成本，谁就能生存下来。唯有一分分地"抠"，才能实现逆势增长；唯有在关键环节进行"抠"，才能确保效率；唯有创新性地"抠"，才能形成核心竞争力。

对于煤炭企业而言，主要的原煤经营指标如图 4-2 所示。

一、产量（万吨）	6.职工福利费	（3）伙食、生活补贴	七、管理费用	（15）其他
二、销量（万吨）	（三）电费	（4）安全质量标准化支出	1.材料及低值易耗品摊销	A.排污费
三、售价	（四）折旧费	（5）差费	2.职工工资	B.其他
四、销售收入	（五）修理费	（6）水土流失补偿费	3.折旧费	a.村民污染费
五、制造成本	（六）维简及井巷费	（7）派遣工劳务费	4.修理费	b.水土流失补偿费
（一）材料费	（七）安全费用	（8）科研费用	5.其他	c.班中餐
（二）职工薪酬	（八）分公司硬化费用	（9）村民污染费	（1）办公费	d.取暖费
1.职工工资	（九）劳动竞赛活动奖	（10）安全奖励基金	（2）差旅费	e.保安服务费
（1）工人工资	（十）地面塌陷补偿费	（11）排污费	（3）会议费	f.通讯、电话费
（2）以丰补欠工资	（十一）分公司零星工程费	（12）救护费	（4）业务招待费	g.警卫消防费
2.社会保险	（十二）搬家倒面费	（13）安全技术服务费	（5）物业费	h.其他支出
（1）医疗保险	（十三）其他支出	（14）其他	（6）运输费	八、财务费用
（2）养老保险	1.造育林费	六、销售费用	（7）无形资产摊销	九、税金及附加费
（3）企业年金	2.其他费用	（一）职工薪酬	（8）税金	成本合计
（4）失业保险	（1）采煤队劳务费	（二）转载费	（9）矿产资源补偿费	
（5）工伤保险	A.边角煤劳务费	（三）煤管费	（10）上级管理费	
（6）生育保险	B.掘进劳务费	（四）煤质检验费	（11）保险费	
3.住房公积金	C.外委工队尾款	（五）销售服务费	（12）水利建设基金	
4.工会经费	D.外委施工费	（六）水资费	（13）价格调节基金	
5.职工教育经费	（2）劳动保护费	（七）其他支出	（14）耕地占用税	

图 4-2　原煤主要经营指标

重大成本（费用）确定方法为边际效益和可控性原理。边际效益即控制一项开支带来的降本效益。例如，减少一次出差或招待，能减少 1000 元左右，但是如果能减少一项工程或者控制住该工程的核心环节，带来的收益可能在 10 万元以上，见图 4 - 3。

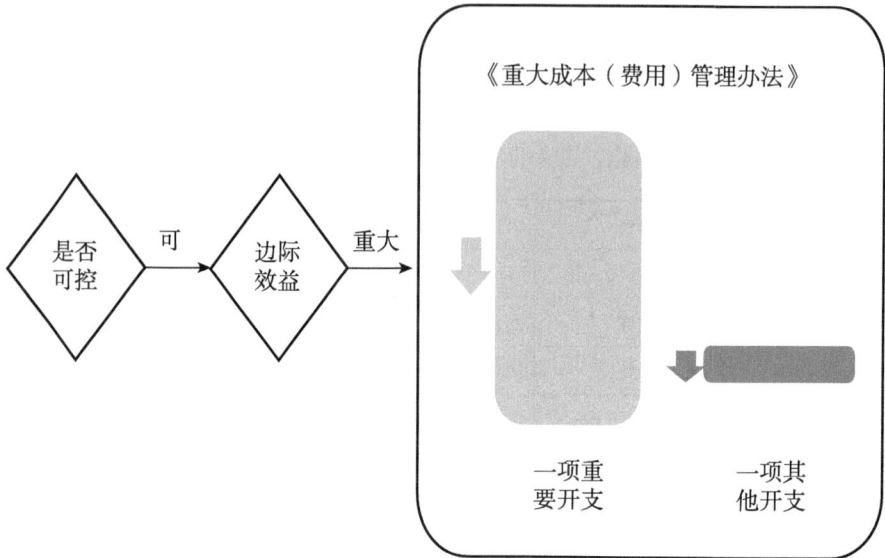

图 4 - 3　重大成本（费用）确定方法

根据图 4 - 2 和图 4 - 3，陕北矿业重大成本支出管理是全面预算管理的一个重要组成部分，重大成本支出主要包括：生产性掘进费用，工作面回撤安装费用，大修理费用，生产配件更换，不构成固定资产的费用性矿建、土建、安装费用等支出，质量标准化工程，付给村民的地面塌陷补偿费、污染费、搬迁费，各类捐赠、赞助等其他特殊性费用，见图 4 - 4。

4.1.2　管控五步骤

在重大成本支出管理上，关键是要"管得住"，为了达到"大项目能管住、小项目有人管"的目的，陕北矿业采取了以下五步法。

第一步：划分管控权限，见表 4 - 1。

一、产量（万吨）	6.职工福利费	（3）伙食、生活补贴	七、管理费用	（15）其他
二、销量（万吨）	（三）电费	（4）安全质量标准化支出	1.材料及低值易耗品摊销	A.排污费
三、售价	（四）折旧费	（5）差费	2.职工工资	B.其他
四、销售收入	（五）修理费	（6）水土流失补偿费	3.折旧费	a.村民污染费
五、制造成本	（六）维简及井巷费	（7）派遣工劳务费	4.修理费	b.水土流失补偿费
（一）材料费	（七）安全费用	（8）科研费用	5.其他	c.班中餐
（二）职工薪酬	（八）分公司硬化费用	（9）村民污染费	（1）办公费	d.取暖费
1.职工工资	（九）劳动竞赛活动奖	（10）安全奖励基金	（2）差旅费	e.保安服务费
（1）工人工资	（十）地面塌陷补偿费	（11）排污费	（3）会议费	f.通讯、电话费
（2）以丰补欠工资	（十一）分公司零星工程费	（12）救护费	（4）业务招待费	g.警卫消防费
2.社会保险	（十二）搬家倒面费	（13）安全技术服务费	（5）物业费	h.其他支出
（1）医疗保险	（十三）其他支出	（14）其他	（6）运输费	八、财务费用
（2）养老保险	1.造育林费	六、销售费用	（7）无形资产摊销	九、税金及附加费
（3）企业年金	2.其他费用	（一）职工薪酬	（8）税金	成本合计
（4）失业保险	（1）采煤队劳务费	（二）转载费	（9）矿产资源补偿费	
（5）工伤保险	A.边角煤劳务费	（三）煤管费	（10）上级管理费	
（6）生育保险	B.掘进劳务费	（四）煤质检验费	（11）保险费	
3.住房公积金	C.外委工队尾款	（五）销售服务费	（12）水利建设基金	
4.工会经费	D.外委施工费	（六）水资费	（13）价格调节基金	
5.职工教育经费	（2）劳动保护费	（七）其他支出	（14）耕地占用税	

图4-4　陕北矿业重大成本支出

表4-1　陕北矿业重大成本支出管控权限

种类	金额	管理权责
大修理费用	10万元以下的	由各单位自行组织实施，各单位必须参照公司相关规定，制定相应的管理办法或制度，进一步予以规范，做到开工有计划、有报告、有预算
	10～30（万元）	报分管领导审批
	30～50（万元）	报分管领导审核，总经理审批
	50～100（万元）	报分管领导、总经理审核，董事长审批
	100万元以上	提交公司党政联席会议审议，根据审议结果执行

种类	金额	管理权责
生产配件更换管理	20 万元以下的	由各单位自行组织实施，各单位必须参照公司相关规定，制定相应的管理办法或制度，进一步予以规范，做到开工有计划、有报告、有预算
	20 万元以上	公司煤化工部负责乾元能化公司的审核，公司机电物资部负责所属其他单位的审核
不构成固定资产的费用性矿建、土建、安装费用等支出，质量标准化工程	10 万元以下的	由各单位自行组织实施，各单位必须参照公司相关规定，制定相应的管理办法或制度，进一步予以规范，做到开工有计划、有报告、有预算
	10 万元以上	对于纳入成本费用核算范围，预算金额在 10 万元以上（含 10 万元）不构成固定资产的费用性矿建、土建、安装等工程，以及预算金额在 10 万元以上（含 10 万元）的质量标准化矿建、土建、安装工程，由公司基本建设部组织实施，具体执行公司《工程预算审批管理办法》
地面塌陷补偿费、污染费、搬迁费用	10 万元以下的	由各单位自行组织实施，各单位必须参照公司相关规定，制定相应的管理办法或制度，进一步予以规范，做到开工有计划、有报告、有预算
	10 ~ 100（万元）	报分管领导审核，总经理审批
	100 ~ 300（万元）	报分管领导、总经理审核，董事长审批
	300 万元以上	提交公司党政联席会议审议，根据审议结果执行
各类捐赠、赞助等其他偶发性特殊费用	5 万元以下的	由各单位自行组织实施，各单位必须参照公司相关规定，制定相应的管理办法或制度，进一步予以规范，做到开工有计划、有报告、有预算
	5 ~ 10（万元）	报分管领导审核，总经理审批
	10 ~ 20（万元）	报分管领导、总经理审核，董事长审批
	20 万元以上	提交公司党政联席会议审议，根据审议结果执行

第二步：明确管控责任，见图4-5。

	情形	管控责任
日常管控	①	生产性掘进费用、工作面回撤安装费用统一由公司生产技术部与基本建设部管理。其中，生产技术部负责技术方案的审定工作，基本建设部负责预算的审定工作
	②	大修理费用统一由公司机电物资部管理
	③	对纳入成本费用核算范围，预算金额在一定标准以上的不构成固定资产的费用性矿建、土建、安装等工程，以及预算金额在一定标准以上的质量标准化矿建、土建、安装工程，由公司规划发展部组织实施
	④	一次性支出在一定金额以上的，支付给村民的地面塌陷补偿费、污染费、搬迁费，由公司生产技术部负责
	⑤	对一次性支出的各类捐赠、赞助费，以及一定金额以上的其他偶发性特殊费用，由公司财务部负责
计划管控		由公司负责专项工程设计的部门担任
核算监督		由公司财务部门担任

（管理责任）

图4-5　陕北矿业重大成本支出管控责任

第三步：审批后实施。各单位重大成本（费用）支出及项目（工程）实施前，必须经相关日常管理部门审批，未经审批不得列入财务资金计划和安排资金。例如陕北矿业2017年审批后的重大成本计划，见表4-2、表4-3、表4-4。

表4-2　陕北矿业2017年重大成本支出计划汇总表（部分）

陕西陕煤陕北矿业有限公司　　　　　　　　　　　　　　　　单位：万元

序号	使用单位	大修理资金	安全质量标准化资金	其他重大成本支出	合计
	合计	3974.10	246.00	11620.36	15840.46
一	股份公司	2041.60	216.00	6380.54	8638.14
1	韩家湾煤炭公司	1444.00	216.00	5001.44	6661.44
2	生产服务分公司	597.60		1379.1	1976.70
二	存续公司	1932.50	30.00	5239.82	7202.32
1	涌鑫矿业公司	1578.00		5239.82	6817.82
2	乾元能化公司	354.50	30.00		384.50

表4-3 陕北矿业重大成本大修理项目资金计划（部分）

单位：陕北矿业公司　　　　　　　　　　　　　　　　　　　单位：万元

序号	工程名称	大修内容	单位	工程量	资金计划	主管部门	备注
	合计				3974.10		
一	韩家湾煤炭公司				1444.00		
（一）	综采配套设备				1350.00		
1	摇臂	N216，N217	台	2	75.00	机电部	3⁻¹煤备用、1130煤机
2	摇臂	N133D	台	2	75.00	机电部	2⁻²煤备用、1180煤机
3	液压支架	ZY8800-23/47	架	152	380.00	机电部	修复后用于2103工作面
4	采煤机	MG500/1180	台	1	30.00	机电部	2102工作面使用后，项修用于2103工作面
5	刮板机	SGZ900/1400，张家口	台	1	45.00	机电部	
6	转载机250	SZZ900/250	台	1	35.00	机电部	
7	破碎机	PCM2200	台	1	20.00	机电部	
8	自移机尾2700	ZY2700	台	1	30.00	机电部	
9	采煤机	MG500/1130	台	1	30.00	机电部	现用于3301工作面，项修后用于3302工作面
10	刮板机	SGZ900/1400，山西煤机厂	台	1	45.00	机电部	
11	转载机250	SZZ900/250	台	1	35.00	机电部	
12	破碎机	PCM2200	台	1	20.00	机电部	
13	自移机尾2700	ZY2700	台	1	30.00	机电部	
14	采煤机滚筒	Φ2240*860	台	2	30.00	机电部	2⁻²煤，1180煤机
15		Φ1800*800	台	2		机电部	3⁻¹煤，1130煤机

续表

序号	工程名称	大修内容	单位	工程量	资金计划	主管部门	备注
16	电机	YBC－650GI	台	2	20.00	机电部	2^{-2}煤备用
17		YBC－500G、YBC－500G3	台	2	20.00	机电部	2^{-2}煤、3^{-1}煤替换备用
18		YBSD－700/350－4/8	台	2	40.00	机电部	2^{-2}煤、3^{-1}煤替换备用
19		315KW	台	2	10.00	机电部	2^{-2}煤、3^{-1}煤替换备用
20		200kW	台	2	10.00	机电部	2^{-2}煤、3^{-1}煤替换备用
21		Y4503－4T	台	2	10.00	机电部	主井皮带驱动电机，做保养
22	CST	420K	台	1	30.00	机电部	主井皮带减速机

表4－4 陕北矿业2017年度重大成本其他项目支出资金计划

单位：万元

序号	工程名称	项目内容	单位	工程量	计划资金	承办单位	备注
	合计				11620.36		
一	韩家湾煤炭公司				5001.44		
（一）	3^{-1}煤东翼巷道			1990	1545.10		
1	3^{-1}煤东翼皮带运输大巷机头段	准备巷道，掘进、硬化、喷浆，断面27.5/18.4m^2，锚网索支护	m	187	215.10	生产部	
2	3^{-1}煤东翼皮带运输大巷	准备巷道，掘进、硬化、喷浆，断面14.96m^2，锚网索支护	m	1203	910.00	生产部	国补
3	3^{-1}煤东翼联络巷	准备巷道，掘进、硬化、喷浆，断面15.48m^2，锚网索支护	m	600	420.00	生产部	

序号	工程名称	项目内容	单位	工程量	计划资金	承办单位	备注
(二)	3303 工作面			1990	708.84		
4	3303 辅运顺槽	回采巷道，断面 14m²，锚网索支护	m	900	296.82	生产部	
5	3303 皮带顺槽	回采巷道，断面 14m²，锚网索支护	m	731	241.08	生产部	
6	3303 工作面联巷、倒车硐室	回采巷道，断面 14m²，锚网索支护	m	101	33.30	生产部	
7	3303 工作面切眼	回采巷道，断面 23.4m²，锚网索、钢带支护	m	258	137.64	生产部	
(三)	3304 工作面						
8	3304 开口联巷			5297	1803.93		

第四步：完工后验收决算。项目（工程）完工后，由日常管理部门会同规划、企管、财务、审计等部门组织验收。年末，公司规划发展部要对当年全公司实施的项目进行决算，形成决算报告。

第五步：追踪项目责任。各单位要严格遵守本制度履行重大成本（费用）支出报告责任，对不按本制度要求报告重大成本（费用）支出造成不利后果的，公司将视情况追究相关人员的责任。

通过上述措施，重大成本支出管控效果明显。例如在设备大修理费支出的管理过程中，日常管理部门制定了严格的实施细则，执行逐台定损、跟踪验收制，严控大修理费支出，以支架大修为例，原每台平均大修费12万元左右，实行该措施后，仅需5万多元；在巷道掘进施工过程中，通过安全监督和生产技术等部门科学论证，合理盘区布局、优化巷道断面和支护设计等为企业节约成本，近年来每年节约费用在800万元以上。

4.2　推行费用中心考核制

传统上，企业推行全面预算管理，是将企业划分为投资中心、利润中心、成本中心、费用中心和收入中心。陕北矿业采取了两点措施：一是简化管理层次，二是将责任中心划分为三类，见图4-6。

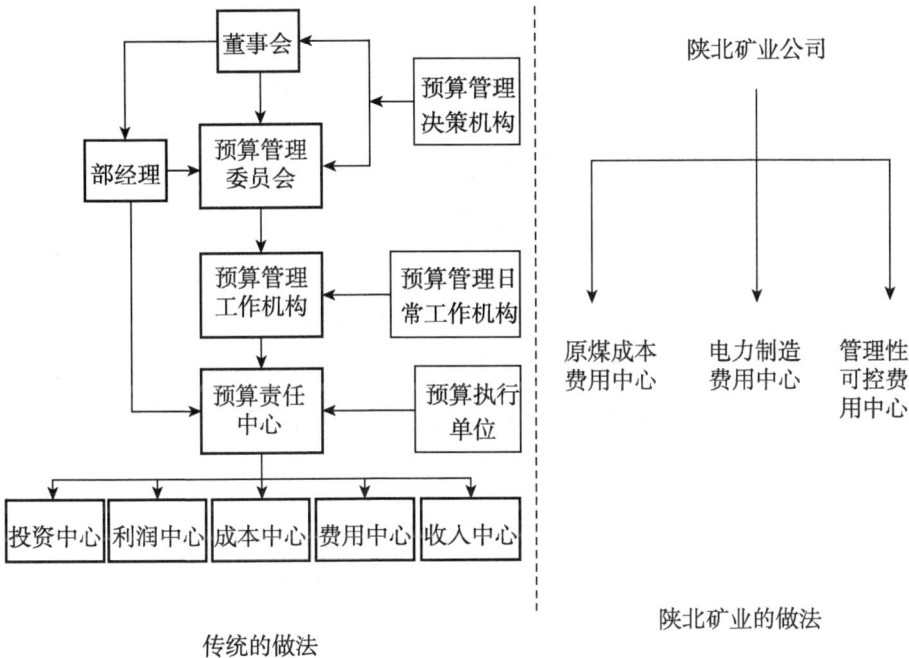

图4-6　陕北矿业责任中心

一是原煤成本费用中心，由生产技术部、基本建设部、机电物资部和人力资源部四个部门组成。

①生产技术部，负责支护材料的控制，同时与基本建设部门共同负责掘进单价预算指标的控制。

②机电物资管理部，负责机电材料消耗、电力消耗、修理费预算指标的控制。

③人力资源部，负责职工工资、职工教育经费预算指标的控制。

二是电力产品制造费用中心，由煤化工部组成，负责乾元能化公司电力产品制造费用预算指标的控制。

三是非生产性可控费用中心，由财务资产部组成，负责非生产性可控费用预算指标的控制，同时作为产品成本控制的牵头部门，落实成本管理的各项工作。

实行费用中心考核制以来，陕北矿业在费用管控上实现了三个方面的变革。

4.2.1 变革一：将职能部门和二级单位捆绑成一个责任主体

传统上，职能部门处于"管理地位"且"动脑不动手"，而成本责任主体是下属的二级单位，因此其逐渐失去了主动性。通过责任上移，变"管理指导"为"实际践行"。

这样一来，各职能部门日常对二级单位的管理更加积极、责任心更强，对所承包控制的指标如何管控，能主动想办法、出实招，避免因二级单位管控不到位，造成指标超支而影响部门考核和个人收入，见图 4 - 7。

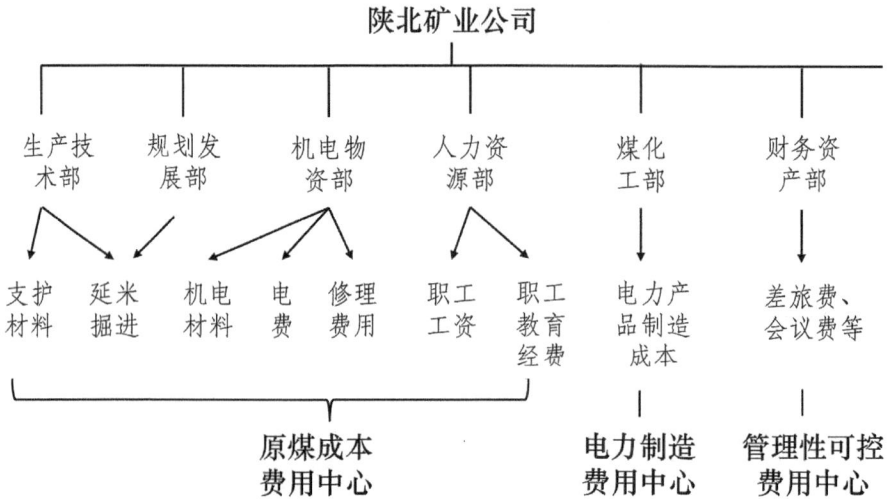

图 4 - 7 职能部门和二级单位在责任上"合二为一"

4.2.2　变革二：将成本定额指标与绩效考核结合起来

例如，2017 年的成本管控指标为：

①支护材料（具体包括木材、支护材料）0.13 元/吨；

②延米掘进单价 3900 元/米（含底板硬化、喷浆等）；

③机电材料（具体包括化工材料、建工材料、电气设备类材料、配件、金属制品类材料、专用工具、乳化液及油脂、其他材料等）6.32 元/吨；

④电费 2.00 元/吨；

⑤修理费 3.00 元/吨（不含为沙梁配套设备的修理费）；

⑥职工工资 1638.25 万元/月（不含包运）；

⑦职工教育经费 19.66 万元/月；

⑧电力产品制造成本 0.1789 元/度；

⑨管理性可控费用 129 万元/月。

相应地，绩效考核办法为：将各费用中心考核指标的完成情况纳入月度部门目标管理考核中，作为相关部门的一项考核内容，各部门考核指标中有未完成项目的扣 5 分，全部完成的不扣分，见图 4-8。

并且直接和薪酬挂钩：①各部门月度完不成指标的被扣分，并在发放月度综合效益工资时按百分制比例扣减相应工资；年度总体考核完成指标的部门，另予以奖励。②公司完成年度生产经营各项目标任务，且本单位完成考核指标，可发放年终奖和增发一个月工资。

4.2.3　变革三：实行目标成本管理、理顺目标压力传导链

如何将预算目标压力层层传递到经营管理单位最小单元，陕北矿业实行二级承包机制，即费用总额承包和逐级承包，见图 4-9。

定额指标（2017）

①支护材料（具体包括木材、支护材料）0.13元/吨

②延米掘进单价3900元/米（含底板硬化、喷浆等）

③机电材料（具体包括化工材料、建工材料、电气设备类材料、配件、金属制品类材料、专用工具、乳化液及油脂、其他材料等）6.32元/吨

④电费2.00元/吨

⑤修理费3.00元/吨（不含为沙梁配套设备的修理费）

⑥职工工资1638.25万元/月（不含包运）

⑦职工教育经费19.66万元/月

⑧电力产品制造成本0.1789元/度

⑨管理性可控费用129万元/月

考核

将各费用中心考核指标的完成情况纳入月度部门目标管理考核中，作为相关部门的一项考核内容，各部门考核指标中有未完成的项目扣5分，全部完成不扣分

薪酬

①各部门月度完不成指标被扣分，并在发放月度综合效益工资时按百分制比例扣减相应工资；年度总体考核完成指标的部门，另予以奖励

②公司完成年度生产经营各项目标任务，且本单位完成考核指标，可发放年终奖和增发一个月工资……

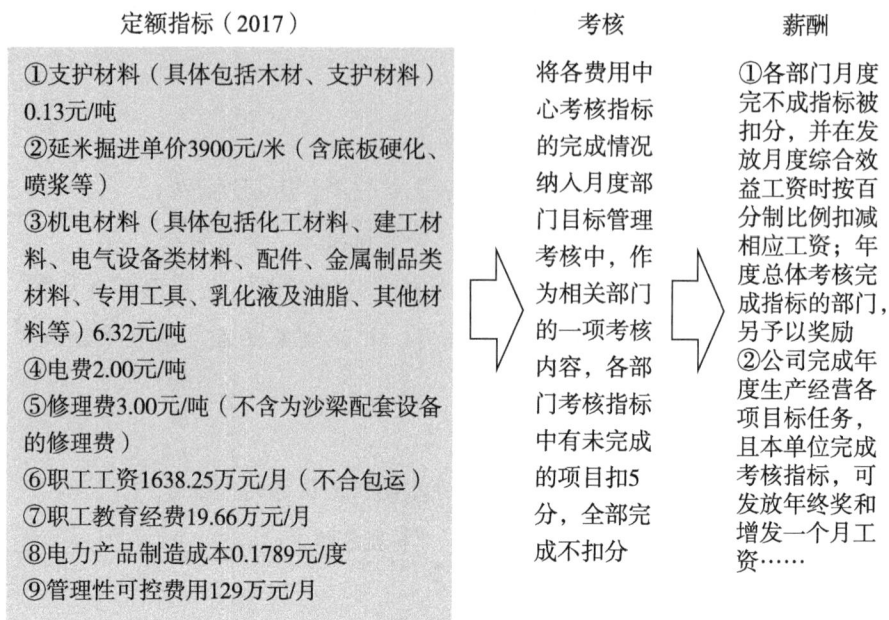

图4-8 成本定额指标与绩效考核

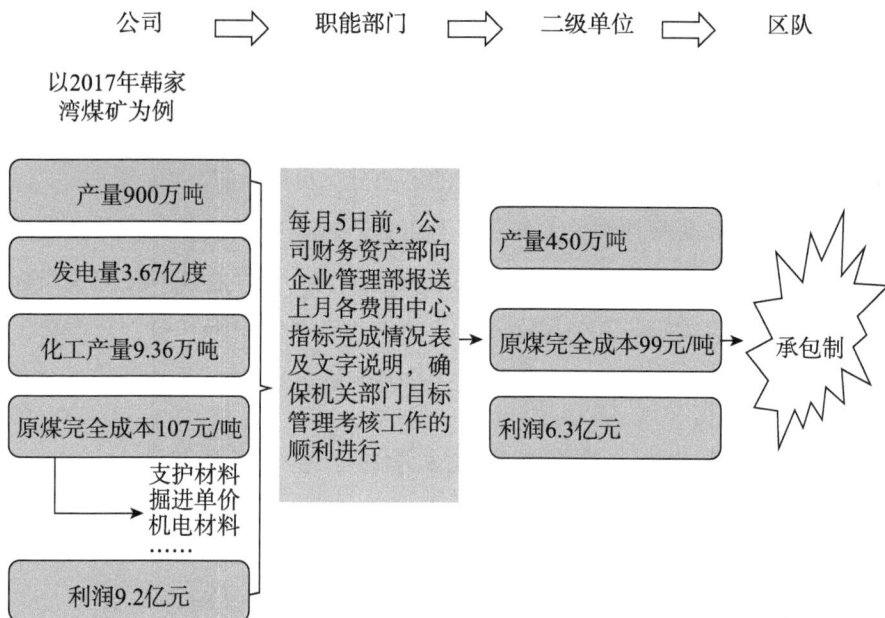

公司 ⟹ 职能部门 ⟹ 二级单位 ⟹ 区队

以2017年韩家湾煤矿为例

产量900万吨

发电量3.67亿度

化工产量9.36万吨

原煤完全成本107元/吨

支护材料
掘进单价
机电材料
……

利润9.2亿元

每月5日前，公司财务资产部向企业管理部报送上月各费用中心指标完成情况表及文字说明，确保机关部门目标管理考核工作的顺利进行

产量450万吨

原煤完全成本99元/吨

利润6.3亿元

承包制

图4-9 陕北矿业目标压力传导链

　　承包制是以利益制约为出发点，把责、权、利有机地结合起来，最终以体现利益和效益为落脚点。近年来，公司在原有全面预算管理的基础上，继续拓宽思路，推行了费用总额"大承包制"。费用总额"大承包制"是指在职能管理费用控制环节，对机关各部室运营经费实行切块承包、限额控制，超支项目不予报销；在生产成本控制环节，推行承包项目"节奖超罚"，落实"承包费用节超额转化工资"的结算机制，重点突出考核，以经济杠杆充分调动职工控制成本的积极性。其核心目标就是成本总额不超支，见图 4 - 10。

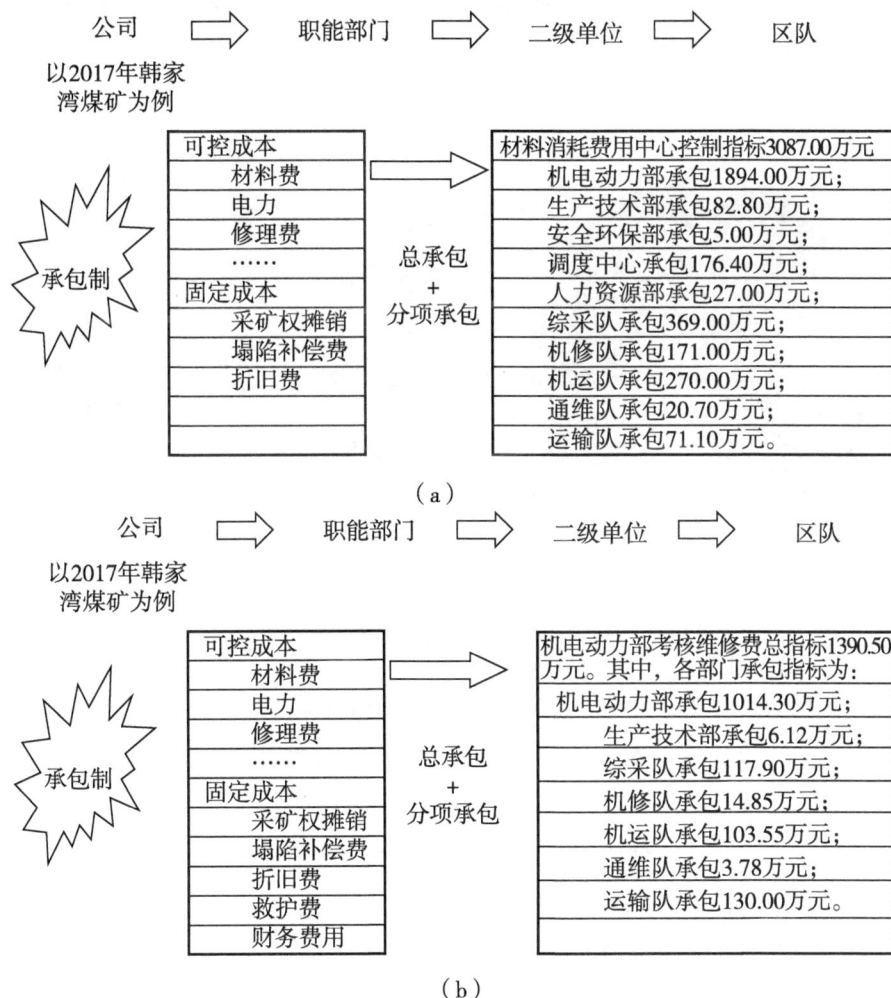

（a）

（b）

图 4 - 10　2017 年韩家湾煤矿目标成本管理

4.3　管理性可控费用

传统变动成本法将成本分为变动成本和固定成本，固定成本又分为约束性固定成本和酌量性固定成本；制造成本法的成本分为生产成本和期间费用；按成本的可控性标准又将成本分为可控成本和不可控成本。

利用作业成本原理，对原笼统计入管理费用、销售费用等账户中的可控费用，按三级作业动因进行归类和分解。使原本粗放的管理模式变成精细化管理模式，做到了费用归集到部门，便于和考核和工资挂钩，见图4-11。

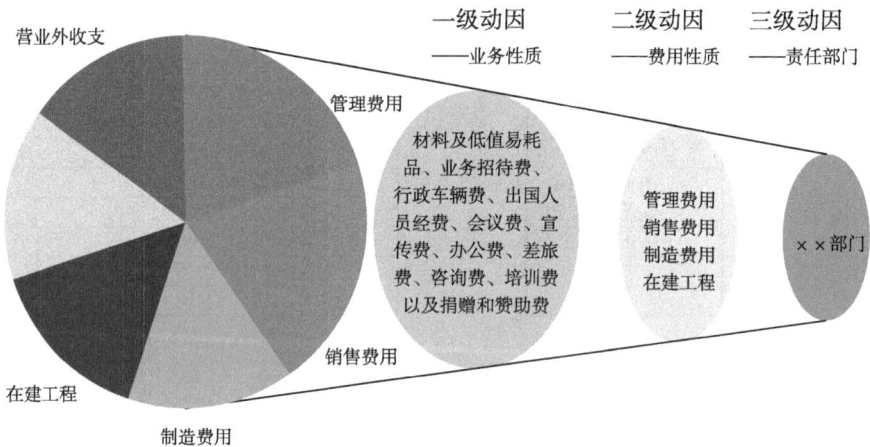

图4-11　三级作业动因

一级动因为业务性质，将管理性可控费用定义为以下内容：材料及低值易耗品、业务招待费、行政车辆费、出国人员经费、会议费、宣传费、办公费、差旅费、咨询费、培训费以及捐赠和赞助费。

二级动因为费用性质，分别为管理费用、销售费用、制造费用、在建工程等科目下设置明细科目核算"管理性可控费用"。

三级动因为责任部门，即费用发生应归集部门。

具体账户设置，见图4-12。

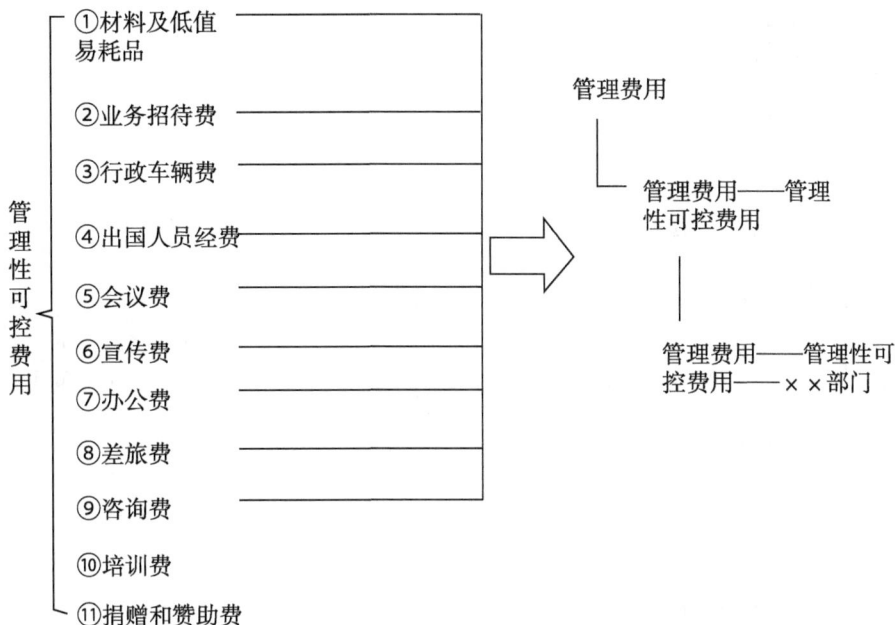

（a）

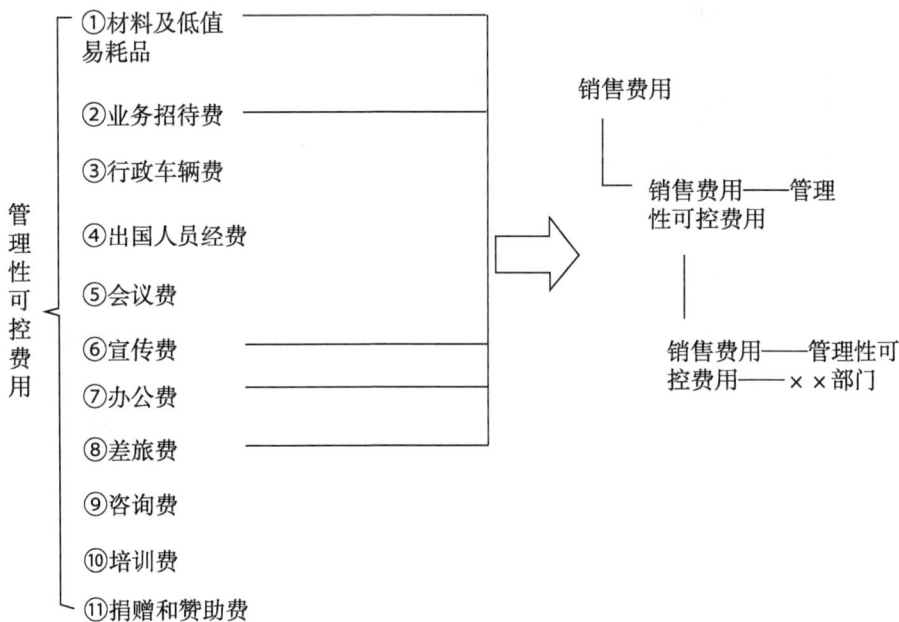

（b）

图 4 - 12 具体账户设置

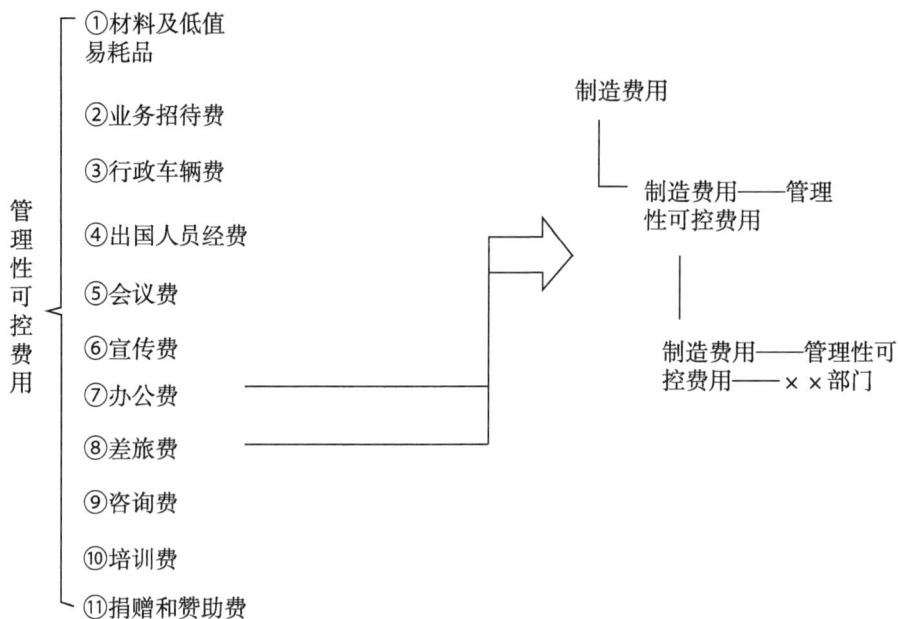

（c）

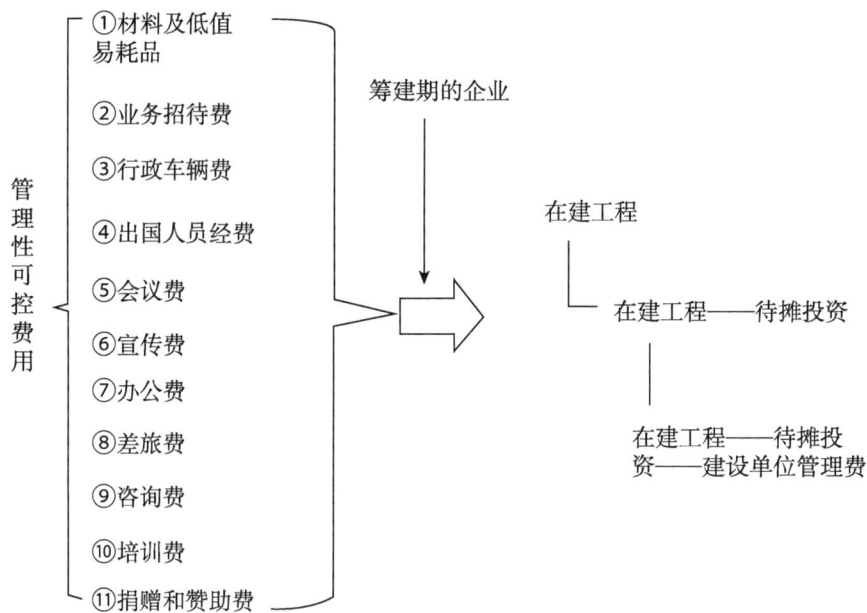

（d）

图 4－12　具体账户设置（续）

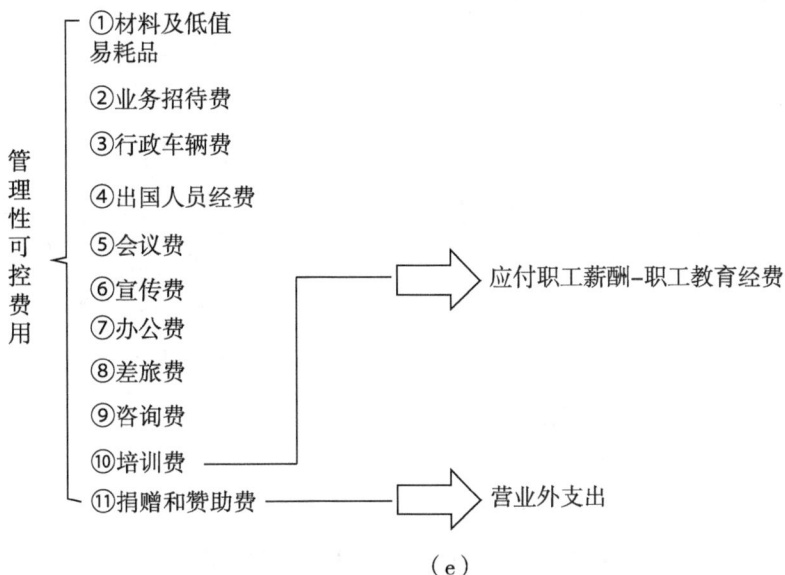

（e）

图 4 – 12　具体账户设置（续）

在管理运作模式上，陕北矿业采取了"33101"模式——机制＋环节＋严控控制点＋目标。

4.3.1　三种机制

三种机制为工资挂钩机制、预警机制、市场机制。

工资挂钩机制：各单位年度内"管理性可控费用"超支部分从本单位当年工资总额中扣减。

预警机制：累计支出接近计划指标的项目，向部门提前发出警告通知，超计划的费用不予报销。

市场机制：在机关车班实行内部市场化，年度根据车班逐台小车油料、日常修理费、通行费以及驾驶人员工资等支出情况，计划年度行驶里程等进行统计，计算结算单价；公司根据各部门上年度运输费支出情况，计划下达年度运输费用承包指标。车班月度根据各部门使用车辆里程结算运输费。通过这种市场化的运作，驾驶人员行车的积极性大大提高，不存在不愿出车、相互推诿等现象。

三种机制的关联关系见图 4 – 13。

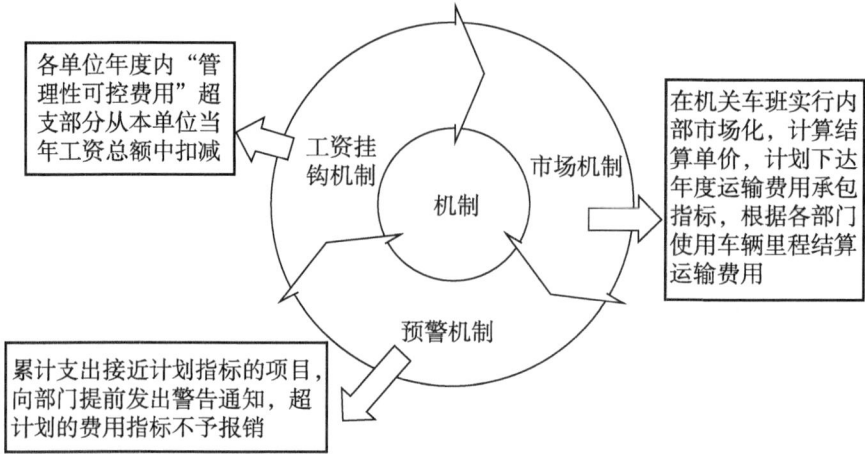

图 4 – 13 工资挂钩机制、预警机制与市场机制

4.3.2 三个环节

三环节为预算管理、定额控制和总额控制，见图 4 – 14。

图 4 – 14 预算管理、定额控制和总额控制

预算管理：公司严把"管理性可控费用"资金的支出关，正常月度控制在年计划的 7.5% 之内，年末根据费用预算及实际支出孰低的原则确定总额后，拨付差额资金。各单位要在每年的 10 月末向公司上报下年度"管理性可控费用"的预算报告，说明各项支出的原因、依据、金额等情况，公司将随同总预算一并审批下达。对年中确需发生的预算外项目，要单独上报公司，待审批后执行。

定额控制：实行"资金本"，做到花销时刻心中有数。首先是针对部门特点，将控制指标全部分解到各部门，共性指标按部门下达计划加以控制，如差旅费、运输费、办公费等；个别指标单独向一个部门下达计划加以控制，如公司机关的会议费、业务招待费支出等全部由行政办公室负责。

　　例如，2017 年，韩家湾煤炭公司 210 万元，包括材料及低值易耗品 42 万元、差旅费 27 万元、会议费 10 万元（包含党代会费用 6 万元）、业务性支出 54 万元（包含业务招待费 22 万元、管理费用/其他支出烟酒款 21 万元、物业费支出客饭费 11 万元）、办公费 19 万元、车辆运输费 57 万元、宣传费 1 万元。

总额控制：各单位主要负责人对本单位"管理性可控费用"的控制负责。各单位分管财务的领导具体对"管理性可控费用"核算及管理业务负责。

4.3.3　十个严格控制点

①各单位要严格控制行政管理机构、后勤物业及销售部门等发生的办公和生活类材料消耗、低值易耗品摊销额，以及修理支出。

②各单位要以"从严、从紧"的要求，控制业务性支出，强化业务接待管理。

③各单位一律不得新购车辆，同时要压缩业务使用车辆的台数和次数，严控行政车辆费用。

④各单位要严格按照集团公司《关于进一步加强出国（境）管理的通知》（陕煤化司发〔2008〕243 号），经公司、集团公司批准后办理相关出国（境）事务。

⑤单位要按照精简、高效、节约的原则，合理安排会议，控制会议规模，严格控制会议经费。

⑥各单位不得举办各种庆典、论坛等大型会议，如有特殊情况确需举办的，须报公司批准。

⑦各单位一律不得自行发生广告宣传费、咨询费，如确需发生，要一事一单，报经公司审批同意后，方可支出。

⑧各单位要严格办公用品的发放使用范围，根据单位特点实行费用承

包或统一管理，对采取费用承包形式的，年度内要确定下降幅度，本着节约、高效的原则逐年调减。

⑨各单位要加强差旅费的管理，严控出差人数及次数，按级别、地区、标准报销差旅费。强化员工出勤管理，按照规定发放员工交通补助。

⑩由于市场形势的变化，各单位要主动作为，加强与政府部门的沟通协调，全力杜绝对外捐赠赞助费的支出。如因特殊情况确需发生，不论金额大小，坚决执行"先请示后支付"的原则，报经公司审批同意后，方可支付。

4.3.4　一个目标

结合大环境，几年来在上年实际支出的基础上，逐年压缩支出，降低计划指标，控制指标在上年基础上下降5%，见图4－15。

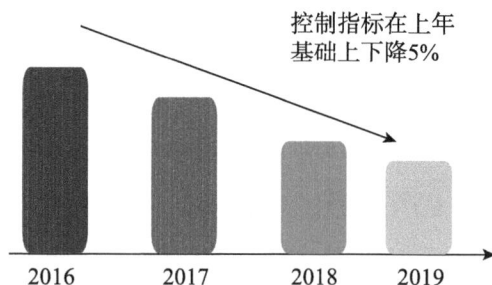

图4－15　管理性可控费用控制目标

4.4　管好专项资金

4.4.1　煤矿专项资金

煤矿专项资金分为维简及井巷费、安全费用和折旧基金。主要有以下四个方面的用途：一是用于维持企业简单再生产的费用；二是专项用于煤矿安全生产设施投入的安全费用；三是专项用于新技术、新设备及新管理方法的研究、开发和推广的新技术开发资金；四是专项用于设备、生产与生活设施大（项）修的大修费等。

在专项资金管理方面，陕北矿业在完善制度建设的基础上，积极推行"事前控制、事中监督、事后评价"的管理监督机制，每年 10 月，在基层单位上报下年度初步专项工程实施意见的基础上，由专项工程管理部门牵头组织机电、生产、规划、财务、审计等多个部门，深入基层各单位现场调研，通过考察、了解，本着"量入为出、照章使用"的原则，初步确定下年度专项计划，再经汇总、进一步斟酌确定，形成年度专项工程实施意见，提请公司行政办公会研究确定。

4.4.2　三位一体

在项目确定过程中，坚持：①不折不扣的确保矿井必要的安全投入，尽最大努力保障安全生产；②坚决执行集团和股份公司专项资金额度管理规定，确保年度内提取的维简资金使用额不得超 50%，折旧基金使用额在规定范围内；③专项资金计划的安排遵循"实事求是，突出效益"的原则，严控非生产性福利设施、办公场所改造和行政用车购置等，杜绝铺张浪费。

在项目实施过程中，采取分级管理，公司层级负责项目的立项、概预算、招投标、过程监督、结算、后评价等工作；矿井主要负责现场管理。这种分层级管理，明确了各岗位的责、权、利，最大限度地发挥出了管理者的主观能动性。

在项目实施结束后，实行严格的后评价机制，对项目实施的全过程，以及项目产生的经济或服务等效益是否达到预期进行综合评判，从而达到查漏补缺、督促提高的目的，再者可为今后实施相同、相近项目提供宝贵的第一手资料和参考数据。

严格贯彻落实公司年度专项资金计划，坚决杜绝计划外工程实施和设备购置；在安全投入保证的前提下，尽力压缩资本性投入，其余额部分根据经营形势安排费用化支出，为企业经营目标实现留出空间。

2012 年以来，在确保安全生产投入和矿井接续的情况下，公司累计通过压缩专项资金提取使用额，节约专项资金，减轻成本费用负担额 4.3 亿元，为企业降本增效做出了巨大贡献。

4.5　严控基建支出

从煤炭行业全生命周期角度看，煤炭建设项目的决策、设计和建设构成企业资金花费的主体，又直接决定日常运营期间的成本。因此，合理管控基本建设项目投资成本和强化项目过程管理自然成了煤炭企业降本增效的重要举措。

任何单位，办任何事，都必须有章可循，有据可依。有了制度，才能规范管理，才有可能把工作做好。陕北矿业 2011 年制定了《基本建设管理办法》，对工程开（复）报告的审批、计划统计、安全管理、质量管理、进度管理、投资管理、验收管理、档案管理等方面进行了规定。但是，《基本建设管理办法》仍然在职责和权限方面存在较多不明确的地方，这在很大程度上降低了制度的可操作性。

例如，《基本建设管理办法》第十一条规定：方案审查和图纸会审要有会议纪要，因方案审查和图纸会审不认真给公司造成损失，要追究相关人员的责任。这里就存在以下问题：一是何为不认真，二是审查和会审的标准和依据是什么，三是参加审查和会审的人员组成有哪些，四是责任的种类和处罚措施，等等。

因此，陕北矿业在公司及各所属单位实际情况的基础上，从 2013 年开始，相继制定了《基本建设管理补充规定办法》《工程预算审批管理办法》《井巷工程风、水管路施工管理办法》《工程预算定额选用管理办法》等基本建设管理方面的规章制度，使基本建设管理制度更具有指导性和操作性。通过完善管理制度，陕北矿业从根本上实现了基本建设项目管理的规范化、程序化、制度化，也为保证项目质量、进度和提高项目投资效益提供了切实可行的办法和依据。

管理方式变革，不能面面俱到和浅尝辄止，要牵住"牛鼻子"，要在关键环节重拳出击和大力发扬"工匠精神"，专注再专注。对于陕北矿业而言，关键环节就是那些影响煤炭基本建设项目目标实现的主要内容。只有在关键环节发力，才能产生示范作用，才能实现纲举目张，才能确保项目质量和效益。陕北矿业结合自身基本建设管理实际，确立了"造价、进度、安全、质量和结算"这五个抓手（见图4-16），紧紧围绕降本增效目标，破除旧观念和旧思维，大胆进行管理方式方法创新，埋头进行制度建设，补漏洞、建流程、定标准。

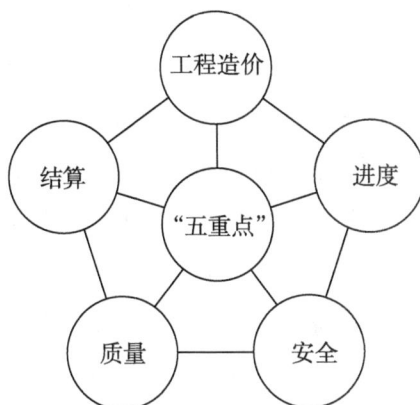

图 4 - 16 基建支出控制重点

4.5.1 工程造价——"两优两控"

工程造价是指进行某项工程建设所花费的全部费用。煤炭基本建设项目造价管理在整个建设项目管理中有着非常重要的作用，不仅影响项目投资成本，更决定项目建成后的运营成本。过去，造价管理一直是陕北矿业基本建设管理的最薄弱环节，存在诸如"轻设计、超预算、低标准、多变更"等突出问题。陕北矿业通过"两优两控"——优化设计、优化招投标、控制预算标准、控制工程变更，有效地控制了整个工程的预算，既提高了工程项目的质量又节省了资金的投入。

（1）优化设计

陕北矿业过去在项目造价管理方面，比较被动和懒惰，认为图纸是设计单位设计的，标底预算是造价公司编制的，招投标工作也是陕煤化集团招标公司代理的，这些都是具有资质的权威单位，没有理由去怀疑。因此，陕北矿业"不好意思"去过问。另外，由于业务能力比较落后，自然也不敢轻易去质疑人家。这样一来，陕北矿业把重点只放在了施工管理上，造成了轻设计的现象。

造成陕北矿业"轻设计"的原因主要有以下四点：

第一，设计责任终身制使一些设计人员为了避免因为设计产品出现重大质量问题而承担设计责任，有意加大设计的安全系数，从而人为地增大了工程项目的投资。

第二，一方面，设计方案优化过程需要设计人员经过反复分析、讨论和比较，由此产生的成本通常得不到补偿。另一方面，设计收费多数是按投资的百分比计算的，造价越高，设计单位的收入越多，设计人员的提成也越多。这些就在客观上影响了设计单位进行方案评审及优化的积极性。

第三，现在的施工图审查机构只审查设计文件是否正确，并不审查设计是否最佳、最优，因此也达不到优化设计的目的。

第四，陕北矿业在过去的设计管理中缺乏相应的激励约束机制，相关技术管理人员"不敢问、不想问"现象严重。不敢问，源于自身专业知识弱，底气不足；不想问，源于责任意识淡薄，存在"多一事不如少一事"心理。

不能否认，陕北矿业技术人员的专业知识不够全面，但也不能过分地迷信设计单位，依靠设计人员保证设计方案的适用、安全、经济。因此，陕北矿业采取了"三再造"来优化设计，即再造激励约束机制、再造项目设计理念、再造项目设计优化方法，见图4-17。

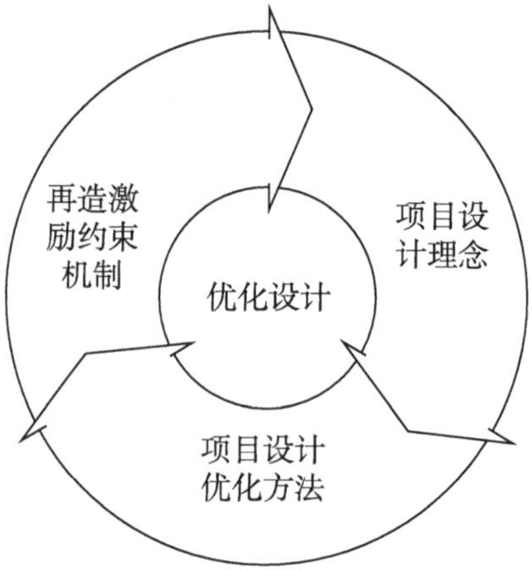

图4-17 陕北矿业设计优化

在激励约束机制上，陕北矿业改变了过去设计上"无人管、不敢管"情形，2013 年颁布的《工程预结算及变更审核管理办法》规定了"施工图纸中涉及安全和质量的技术参数，由总工程师组织规划、安全、生产技术部门进行研究并报请公司党政联席会通过后方可执行"。这一变化，体现了三点：一是在角色定位上实现了转变，变"设计单位的事"为"陕北矿业的事"；二是将设计优化纳入到了总工程师和相关职能部门的职责，并纳入到绩效考核当中；三是明确将设计优化的最高决策机构规定为"公司党政联席会"。

在项目设计理念上，陕北矿业向设计单位明确提出"限额设计"，即在严格执行设计规范的前提下研究推行"限额设计"，避免因设计上过分保守造成的投资浪费。所谓限额设计，就是按照批准的可行性研究报告或项目实施方案所确定的建设规模、建设内容和投资估算总额控制初步设计，按照批准的初步设计总概算控制技术设计和施工图设计，同时各专业在保证达到使用功能的前提下，按分配的投资限额控制设计，使总投资额不被突破。

例如，在韩家湾煤矿洗煤厂建设中，探索完善了 EPC 总承包的管理模式，在保证技术标准及使用要求的前提下，大力推行"限额设计"，在不降低使用效能的前提下，将洗煤厂建设项目投资严格控制在限定的额度内，改变了以往先出图纸再算价的传统方式，将其变为"以价定量"。

首先，在投资成本匡算上，根据榆林市、鄂尔多斯市等地同类地质条件和规模的建设项目，类比出大致的项目投资成本。其次，采集归纳各类工程技术资料，形成一套完整的技术资料分析体系，建立数据档案，把各种参数、经济指标系统化，将各个项目的结构形式、材料设备、工艺技术等具体化，用切实可行的经济指标来指导限额设计，把先进的技术、工艺融入限额设计中。

横向限额设计是指在项目建设过程中，建立和加强设计单位及其内部的管理制度和经济责任制。保证限额设计贯穿到各个设计阶段，而在每一阶段中又必须贯穿到各个专业的各个工序，使各个环节相互连接成有机的整体。上一阶段的设计文件和图纸，依次作为下一阶段设计的依据和基础。

区域限额设计，就是坚持设计严格执行国家、行业及企业制定的各项造价政策，关键设备、工艺流程、总图方案、主要建筑和各种成本指标应以区域先进企业为目标。限额设计的推行提高了陕北矿业投资控制的主动性，但其并不是一味地节约投资，而是实事求是、精心测算，在保证质量和满足业主要求的前提下，达到了节约资金、控制成本的目的。

在设计优化方法再造上，推行价值工程法，即在方案设计优化阶段，重在投资限额的条件下，陕北矿业根据价值工程原理选择最优方案，确定建设项目投资限额，达到项目价值最大化的目的。建设项目价值工程（Value Engineering，VE），也称价值分析（Value Analysis，VA），是指以项目功能分析为核心，以提高项目价值为目的，力求以最低寿命周期成本实现项目所要求的必要功能的一项有组织的创造性活动。

通过优化设计，陕北矿业改变过去以往做法，在方案审定上下功夫，既要依靠设计人员，又不能盲目迷信他们。尽管陕北矿业基本建设管理人员自身的理论水平和专业知识比不上设计人员，但必须把方案搞清楚和问明白，把陕北矿业的疑惑和意图在实施前表达清楚。另外，严格进行设计审查的管理，明确各阶段设计审查的职责和权限。认真做好设计审查的技术准备，严格筛选确定专家委员会的组成。在审查过程中，对重大技术问题，设计单位要进行详细的技术交底，专家进行充分的分析论证。专家组的审查意见要进行认真的汇总整理，作为设计院完善设计的依据。力求将设计中存在的问题在审查阶段予以解决，保证设计方案最优，为实现项目建设投资最省和投资效益最好奠定了相应的基础。

（2）优化招投标

招投标制度自《招标投标法》诞生以来实施已有十余年，有力地促进了我国各个行业和各个领域的发展。施行招标投标制度，煤矿项目的建设方能够选择最为合适的参建单位来参与工程项目的实施，对于维护建设单位的企业利益有着非常大的帮助。

过去，陕北矿业招标/比价管理存在的主要问题是：比价项目公司和二级单位管理权限界定不清；招标/比价《技术规范书》没有按审批权限签字，出现问题后无法落实责任；招标/比价《技术规范书》的内容没有统一格式要求，随意性较大；各二级单位未设专人负责本单位招标/比价业务，公司和各二级单位无法对口衔接，造成业务流程不畅；技术方案审批、施工图会审及采购、大修理设备的技术参数审定，未按规定的管理权限履行审批签字手续或形成会议纪要，造成招标/比价时技术上出现漏洞、盲点较多；未按管理权限明确比价、招标和委托招标的审批权限，造成责、权不清晰。

在招投标优化上，陕北矿业首先坚持"公开、公平、公正"的原则，从严执行招投标法律、法规及规定，严格履行招投标程序，加强招标方案的编制及审定、招标代理机构的选择、招标文件的编制及审查、施工单位的资格审查、招标答疑、评标委员会的组成、开标和评标结果的审定及中标通知书签发等各环节的管理，加强招标过程的监督控制。

针对上述问题，陕北矿业实现了"七个优化"。一是优化了招投标组织机构设置。将原属于企业管理部的"招标领导小组办公室"调整为归属公司成立的招标领导小组，提升了招投标工作的独立性。二是优化了招标领导小组办公室的职责。三是优化了招标范围与权限。结合公司实际，根据单项合同估算价金额，对公司和二级单位自主招标/比价的管理权限做了清晰的界定：建设工程项目达到 200 万元、物资采购项目达到 100 万元、服务项目达到 50 万元，由公司委托集团公司指定的代理机构组织招标；建设工程达到 50 万元、物资采购达到 30 万元、服务项目达到 20 万元，由公司通过招标选择施工、供货、服务单位；建设工程及非生产物资采购不满 20 万元、服务项目不满 10 万元，各二级单位可以自行比价。四是优化了招标项目审批程序。采购项目招标申请表中物资规格型号、在用设备的生产厂家及质量要求、常用消耗材料的品牌等要经过机电物资部审核，具体执行公司《技术管理办法》的规定。如有必要，还应进一步说明质量标准或制造标准、技术参数、特殊证件、设备配套、配件的图纸图号等相关信息等并按规定审核。采购大型设备，不得以指定核心部件品牌、特定的规格型号等手段排斥潜在投标人。五是优化了技术规范书内容。对招标/比价前的《技术规范书》和技术方案进行审批、施工图会审及采购、大修设备的技术参数审定，按照《技术管理办法》规定的管理权限履行的审批签字手续或形成会议纪要，实行以分管领导为主的审核制度。六是优化了招标程序。未按公司规定的管理权限履行的审批签字手续或形成的会议纪要，不得进行招标/比价。矿建、土建、安装三类工程招标/比价前由公司基本建设部设置标底价或拦标价，没有设置标底价或拦标价不得进行招标/比价。评标办法应根据项目的技术含量合理选择技术分和商务价格分比重。技术含量高的项目技术分应占到 50% ~60%；技术含量低的项目商务价格分应占到 50% ~60%。标书形成前要征得业务技术部门及纪检部门的同意，否则不允许发放标书。七是优化了招投标费用管理。将原《招投标管理办法》的"费用管理"进行了简化。

（3）控制预算标准

基本建设预算是指预先计算拟建工程从筹建到竣工验收所需全部建设费用的经济技术文件。在采用两阶段设计的情况下，扩大初步设计阶段要编制较为粗略的总概算，施工图设计阶段要编制较为详细的施工图预算。

陕北矿业规定公司规划发展部是公司工程预算审批部门，其主要职责是：一是根据国家工程造价管理的法律、法规，结合公司实际选定预算定额和取费标准；二是对建筑市场预算定额及建筑工程材料状况进行调研，确定主材价格和调差的范围及标准；三是监督、检查工程预结算的执行情况，见图 4 – 18。

建设单位没有能力编审的预算由公司基建部统一委托造价事务所编审，并负责费用结算，建设单位不得自行委托。新开大型基建项目，预算编审费由建设单位支付，其余专项及自筹资金项目的工程预算编审费由公司统一支付。造价在 10 万元以下的预算，由建设单位审批；10 万元以上、20 万元以下的工程由公司规划部确认；20 万元以上、100 万元以下的工程预算由规划发展部审核，分管领导审批；100 万元以上的工程由分管领导审批且党政联席会通过后，方可确定拦标价进行比价招标，签订合同。

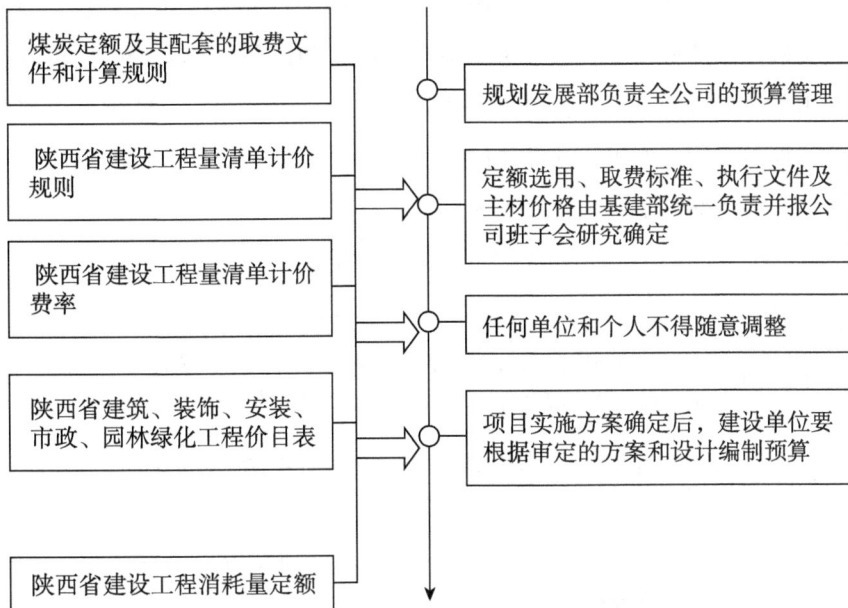

图 4-18　陕北矿业费用预算管理

同时，强化了外委造价公司管理规定。第一，公司外委造价公司需在集团公司入围的造价公司内进行招标选定，韩家湾煤炭公司不单独委托造价公司，预结算由公司规划部委托。第二，外委造价公司调整差价时必须经规划部同意后执行。第三，对外委造价公司执行不力，随意提高取费标准和扩大定额范围，责令其整改或中止外委合同，由此造成的损失由造价公司承担。

（4）控制工程变更

第一，杜绝"三无"工程。规定各单位要严格遵守集团公司和陕北矿业公司的基本建设管理程序，严禁无计划、无资金、无合同工程开工。否则，财务部不予安排资金计划，陕北矿业还要对建设单位的责任人进行问责。

第二，规范工程变更和签证。各类工程变更是指工程实施过程中由于工程自身性质特点、设计图纸的深度不够、不可预见的自然因素与环境情况的变化，对合同中部分工程项目的施工工艺、工程数量、工程质量要求及标准等方面的变更。签证是指施工图中未明确尺寸或注明工程量，由现场据实核定的部分及工程施工过程发生的施工图以外且合同价中未包含的零星用工、机械台班等。变更可以由建设单位、设计单位、监理单位或施工单位提出。所有变更必须经建设单位、监理单位和设计单位同意后方可实施。主要包括以下四类，见表4-5。

表4-5 工程变更和签证

类别	公司比价
建设单位变更	建设单位根据现场实际情况，为提高质量标准、改进使用功能、加快进度、节约造价等因素综合考虑而提出的工程变更
设计单位变更	指设计单位在工程实施中发现工程设计中存在的设计缺陷或需要进行优化设计而提出的工程变更
监理单位变更	监理工程师根据现场实际情况提出的工程变更和工程项目变更、新增工程变更等
施工单位变更	指施工单位在施工过程中发现的设计与施工现场的地形、地貌、地质构造等情况不一致而提出的工程变更

第三，明确规范工程变更和签证的原则，见表4-6。

表4-6 陕北矿业工程变更和签证原则

工程变更原则	工程变更、签证单价的确定原则和审批权限
设计一经批准，不得任意变更。只有当工程变更按本办法批准后，才可组织施工	合同中有适用于变更工程的价格，执行合同单价
工程变更各有关单位应对变更工作高度负责和严格把关，审批人员须对变更事项的真实性、准确性、必要性负责	合同中有类似于变更工程的价格，可以参照此价格确定变更价格
工程变更的图纸设计要求和深度等同原设计文件	合同中没有适用或类似于变更工程的价格，遵照本工程招投标时确定的费率、价格，由承包方编制变更预算，报监理审核、建设单位审批

续表

工程变更原则	工程变更、签证单价的确定原则和审批权限
符合下列条件之一的，可以考虑工程变更： ①因自然条件包括水文、地形、地质情况与设计文件出入较大的；因施工条件所限，材料规格、品种、质量难以达到设计要求的 ②不降低原设计技术标准，而能节省原材料，并方便施工，缩短工期和节省投资的 ③能提高技术标准，便于采用新材料、新工艺、新技术，提高工程使用年限或者提高服务等级，而不增加投资或者增加较小数量投资的 ④环保、文物以及地方工作等方面不可预见的因素，需要变更设计的 ⑤上级行政主管部门和建设单位对工程提出新的要求	单项工程变更、签证，总价小于3000元，只确认事实，造价不做调整；单项变更或签证在5万元以内，由建设单位审批，报公司基建部备案，建设单位采用施工员、工程科长、基建副总或总工程师三级审批；单项变更或签证超过5万元的，建设单位审批后，需报公司基建部审批；超过10万元的变更需公司主管基建的领导审批；20万元以上的变更需经公司班子会研究

第四，明确工程变更、签证审批程序。所有工程变更项目都要执行工程变更签证项目审批和工程变更预算审批制度，两种申请均采用书面审批，进行统一编号管理。工程变更方根据变更原因、设计图纸和实际施工情况，如实测算工程量和变更预算，填写工程变更签证项目审批表。变更签证项目批准后，方可实施，并进行变更签证预算编制报批。变更签证预算由监理审核、建设单位审批、公司基建部审定。变更当月变更签证当月审批，变更预算在变更实施后一个月内审批，超期不予认可。监理、设计、施工单位未经建设单位审批，擅自决定工程变更的，变更单位和个人应承担由此造成的一切费用和损失，情节特别严重的，建设单位可诉诸法律。工程变更的实施过程中，建设、监理、设计、施工由哪一方原因造成变更失败和损失，由该方承担一切责任。工程变更、签证审批程序要遵守下面的程序和要求，见图4-19。

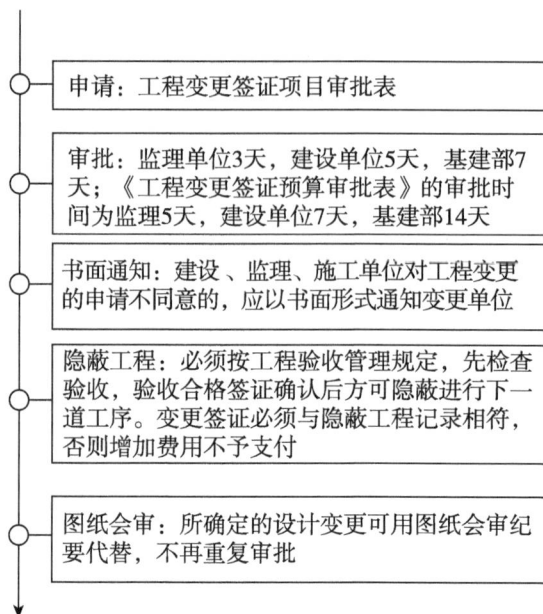

申请：工程变更签证项目审批表

审批：监理单位3天，建设单位5天，基建部7天；《工程变更签证预算审批表》的审批时间为监理5天，建设单位7天，基建部14天

书面通知：建设、监理、施工单位对工程变更的申请不同意的，应以书面形式通知变更单位

隐蔽工程：必须按工程验收管理规定，先检查验收，验收合格签证确认后方可隐蔽进行下一道工序。变更签证必须与隐蔽工程记录相符，否则增加费用不予支付

图纸会审：所确定的设计变更可用图纸会审纪要代替，不再重复审批

图 4 - 19 陕北矿业费用预算管理

特殊情况下的变更程序为：一是当遇到特殊情况，如施工现场停工等待变更，无法履行变更申请手续时，监理工程师征得建设单位主管领导同意后即可开始实施变更，变更开始后一个月内，必须补办审批书手续，否则增加费用不予支付。二是遇到不可预见因素或大的自然灾害需紧急变更时，监理工程师在得到建设单位领导同意后，主持实施变更，变更开始后一个月内，必须补办审批书手续，并以书面形式报告主管部门。三是当遇到重大变更或变更工作遇到困难时，建设单位领导可通知建设、监理、施工单位相关人员参加会议共同研究讨论决定有关事宜。

第五，明确工程变更的日常检查。为了加强对工程变更的监督检查，二级单位每个月检查一次；公司基建部每季度进行一次联合检查。基建、生产、机电、规划、审计及建设、监理、施工单位相关人员参加。

第六，明确工程变更工作的奖罚细则。建设单位对在工程变更工作中坚持立场、认真负责，并节省了大量变更费用的员工给予奖励。建设单位将对下列情况工程变更的当事人和变更单位给予批评教育、通报、经济处罚。①工程变更的施工单位偷工减料、施工质量低劣，或给建设单位造成损失的，对上报的变更工程量和单价弄虚作假的；②设计单位提出的变更图纸粗糙、错误遗漏较多，拖延工期的；③监理工程师故意拖延，吃、拿、卡、要，接收贿赂的，故意多报变更工程量和单价的；④建设单位工作人员（包括公司相关人员）玩忽职守、故意拖延，对施工单位提出无理要求的。

4.5.2　进度控制——"两强化三考核"

围绕矿井竣工投产这一整体目标，从细化分解每一项单位工程进度入手，倒排工期，优化施工设计，创新工艺，优化网络，高效、有序推进项目建设。特别是针对井巷贯通、系统形成、永久设施等重点工程，围绕关键线路，科学统筹安排，交叉平行作业，优质快速施工，为实现矿井总体目标工期创造条件。同时加强重点工程调度，对关键工序工程进度实行动态分析。深入开展技术攻关活动，为矿井优质、高效施工提供科技支撑，带动了矿井工程进度的快速提高。

（1）强化计划管理

各建设单位对建设项目需进行建设项目计划管理，建设项目计划管理的内容包括投资计划、进度计划、工程质量目标计划等。建设项目必须编制切实可行的施工总进度计划、月度作业计划及周进度计划，按计划合理组织施工，加强计划的检查和控制。及时完成计划的编制、报审和核查工作。每年初，陕北矿业所属各单位将本单位列入专项工程、重大成本支出等自有资金工程计划向公司规划部报送年度建议计划，陕北矿业规划发展部组织相关部门根据项目实施的可行性、必要性进行研究，陕北矿业审定后下达。

专项工程和重大成本支出等自有资金工程以外的新建和在建项目，年度计划由建设单位依据概算编制报公司基建部，公司规划发展部组织有关部门根据项目实施的可行性、必要性进行研究，陕北矿业审定后下达。所有建设项目年度计划下达后，原则上不予调整。

（2）强化沟通协调

一是加强报表管理，为决策提供依据。陕北矿业重视和加强基建报表的管理。基建报表能及时准确地反映项目的实施情况和存在的问题，是陕北矿业了解、考核、调整、决策的渠道和依据。无论是月报、季报还是年报，都要真实准确，既要反映计划量又要体现完成量，既要有工作量又要有工程量，既要有数据还要有文字分析，要真正体现报表指导的作用。各建设单位建立健全了基本建设管理台账，及时按公司规定编制上报。不搞形式，不走过场，更不脱离实际、胡编乱报，要使报表能够如实反映工程进展的真实情况，为领导了解、考核、调研、决策提供依据。

从工程开始实施起，就要建立管理档案，搜集传递工程"四控"（质量、进度、投资、安全）信息，发现问题及时调整纠偏。工程信息报表体系由工程月报、季报和年报构成。三种报表均应包括工作量和工程量两部分。报表主要反映本月、本季、本年度工程计划量，实际完成量、累计完成量，以及工程进展和投资完成情况。报表由文字描述和表格两部分组成。文字部分主要包括工程概况、形象进度、有关事项说明、存在的主要问题，未完成计划的原因分析，以及质量、进度、投资、安全控制情况和单位工程竣工验收、投入使用情况等。专项工程报表由规划部负责，其他工程报表由基建部负责。报表由建设单位在每月 25 日前报归口部门。

二是加强沟通协调，及时解决施工难题。项目建设千头万绪，涉及设计、施工、监理、供应商及政府各方的监督部门。首先工程开工前，要组织图纸会审，及时发现和解决图纸中存在的问题，避免因设计造成的不必要的返工停工。要与设计单位保持沟通联系，必要时要求设计院派驻工地代表，指导工程施工；其次要编制切实可行的施工组织设计，使其具有指导性和约束性；工程技术人员要经常深入施工现场，检查、指导和解决施工过程中出现的各种技术问题，确保工程安全顺利进行。要对照质保措施和安全作业规程进行检查验收，及时有效地查处安全质量隐患。要按时召开工地例会和技术例会，积极协调内外关系，解决施工中存在的问题。要加强业务学习，积极借鉴和推广应用新工艺、新技术，踏实勤奋、敢于担当，确保项目安全、快速、高效实施。

（3）建设进度考核

严格执行基本建设项目考核管理办法，明确基本建设任务，确立工作标准及考核机制，加大考核力度。以前，施工过程管理方面存在不少盲点。例如，工程技术人员不想承担责任，机械地照图施工；施工组织设计和施工方案流于形式；施工前不能按规定逐层进行安全技术交底，甚至对一些违章作业放任自流；缺乏通盘考虑，事前控制不够，事中把关不严，事后补救不力，导致变更频繁，投资加大，等等。为了改变上述做法，在工程开工后陕北矿业进行了质量、进度、投资、安全四个方面的控制，进行了合同和信息两个方面的管理，并对现场进行各种协调。

具体措施如下：一是施工单位要根据合同工期编制切实可行的施工进度计划，由监理单位审核并监督实施。二是建设单位监督监理单位和施工单位严格执行进度计划，发现问题及时协调纠正，确保计划目标的实现。三是陕北矿业及时考核单位工程计划的完成情况，协助建设单位及时解决影响工程进度的问题。四是按月考核工程进度并审批进度款，陕北矿业按季度进行考核审批，并且工程进度款的支付不得超过已完成工作量的 80% 。

（4）管理绩效考核

陕北矿业推行目标管理下的绩效管理体系，目标考评实行百分制，有关规定如下：各部门要结合部门目标，制定和完善工作计划安排，明确相应考核目标的具体工作内容、完成标准和进度要求，报公司审批后在企业管理部备案；因无计划安排导致无法考评的每项扣 2 分。每个部门五项考核内容，每项考核内容最多扣 5 分；定量指标未完成的每项扣 5 分；定性指标未实施的每项扣 5 分，完成不好的每项扣 1 分；规范性要求未达到的每项扣 1 分，最多扣 3 分；因本部门分管业务管理不到位，造成安全事故的，重伤 1 人次扣 2 分，死亡 1 人次扣 10 分；造成重大工作失误或重大工作影响，扣 10 分；本部门主管业务获得集团公司及以上组织奖励的，考评时按以下标准加分：二级单位或本部门获得集团公司/陕西煤业股份奖项每项加 2 分，省级/行业协会奖项每项加 4 分，国家级奖项每项加 10 分；公司获得上述各类奖项奖励加倍。非本部门主要业务获奖按上述标准的 50% 加分。每个部门最多加 20 分；对标及精细化管理：凡拿不出 2 项对标项目进行细化和加强管理举措的部门，扣 5 分。获得集团或省级奖励的，参照考评办法第 4 条给予加分；部门企业管理创新项目获得集团以上奖项的，加 4 分。

陕北矿业基本建设管理目标体系由公司年度目标任务和年度重点工作组成，由规划发展部按其职能分别承担。部门主要负责人为本部门目标管理的直接责任人，组织实施本部门承担的目标任务。需要其他部门协办的目标任务，主办部门要主动协调，必要时通过公司主管领导协调；协办单位要积极配合。例如，规划发展部 2016 年度目标体系为：

2016 年，规划发展部目标体系：

①专项管理：严格公司全年专项投资计划管理，从严控制项目投资，进一步加强设计优化和投资概算审查，工程造价控制在预算 10% 以内，降低投资成本。

②项目管理：加快项目建设进度，确保沙梁煤矿及洗煤厂年底投产投运，确保 50 万吨/年低阶煤国富炉热解工业实验项目于 6 月底前建成投运；建立项目管理目标责任制，对项目建设跟踪管理和督查通报，负责项目竣工验收，确保项目建设程序规范，投资可控。

③项目开发：加大煤炭资源项目开发整合力度，力争取得重大突破；加快项目手续办理，沙梁煤矿项目核准手续力争在三季度末取得核准批复；加快 2×660MW 粉焦发电示范项目和 2×1000MW 火电项目前期手续办理的推进速度。

④做好本部门主管业务的对标和精细化工作。加强对工程设计、造价审核、变更签证、竣工验收和决算、工程档案的管理工作。严禁未经批准先行施工和无合同、无预算、无计划工程。

⑤完成本部门年度重点工作及领导交办的其他工作任务。

(5) 重大事项跟踪考核

重大事项（工程）是指"三重一大"事项，以及合同价款在 30 万元以上的基建工程、设施建设、年度专项工程、重大成本支出项目、其他重大经济事项、重要项目安排及年度重点工作计划等。

为保证陕北矿业重大事项（工程）的实施进度，防止"烂尾工程、遗留问题、先斩后奏、久拖不办"等情况发生，强化内部管控责任考核落实，促进陕北矿业管控能力提升和项目资金使用效率有效提高，设计了以下的考核办法，见图4－20。

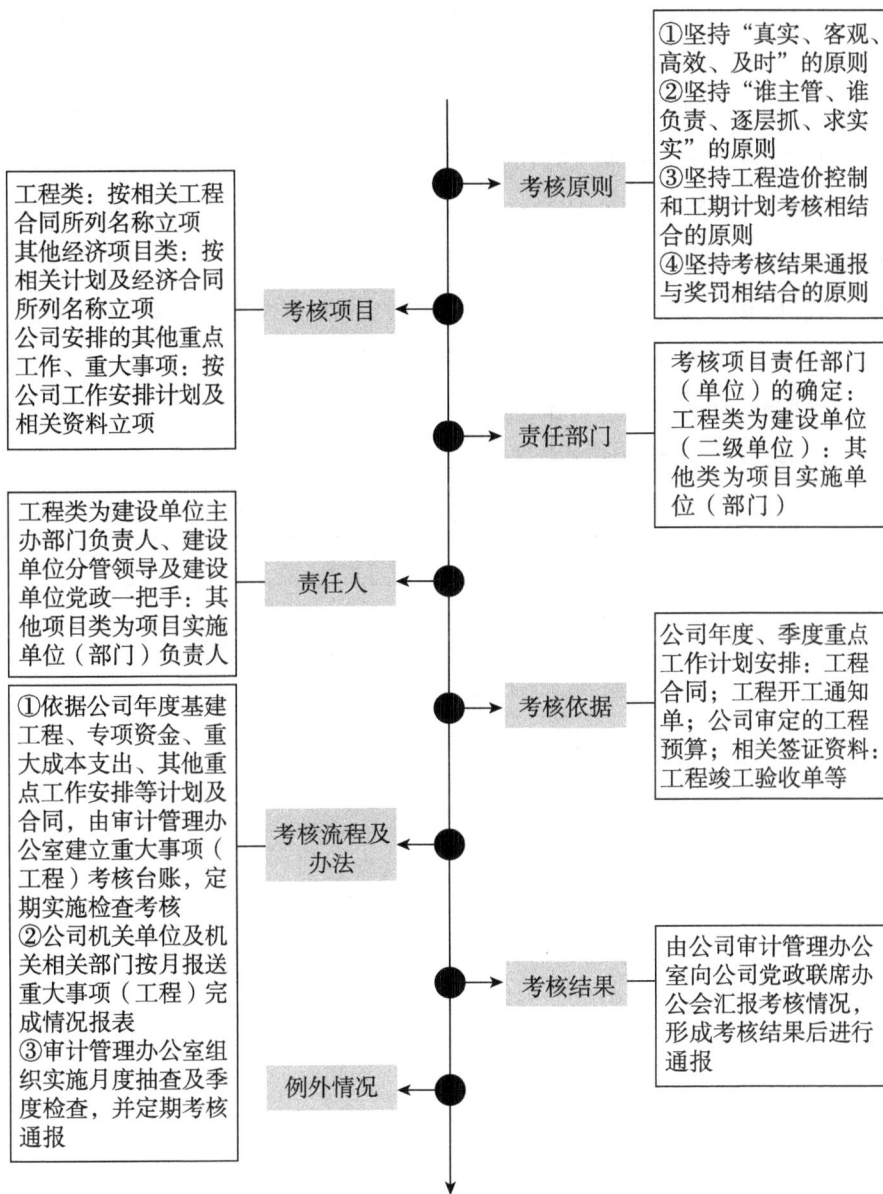

图4－20 重大事项（工程）跟踪考核办法

考核内容及处罚办法为：

第一，对不按规定程序办理、"先斩后奏"、超越权限的行为，视情节给予二级单位主管领导与党政一把手处分，相关责任人员调离岗位。

第二，对工程进度组织不力及不按期验收已完成工程等行为，视情节给予二级单位部门责任人员、主管领导处分。

第三，对不按规定乱出具变更签证资料的行为，视案值情节对相关责任人分别给予罚款、调离岗位等处分，情节严重的按公司《员工奖惩办法》处理，构成犯罪的移交司法机关处理。

第四，工程造价考核：以公司审计管理办公室《竣工结算审计意见书》为准，对审计核减金额达到造价 5% 以上及单项工程核减金额 50 万元以上的，按核减金额 20% 处罚建设单位，并处罚公司规划发展部相关责任人员。

第五，其他重大事项考核：依据公司相关计划、安排，按公司要求及相关管理制度规定进行考核和处罚。

重大事项（工程）跟踪考核部门职责划分，见表 4 - 7。

表 4 - 7　重大事项（工程）跟踪考核部门职责划分

部门	考核职责
审计管理办公室	负责相关重大事项（工程）考核细则及考核报表的制定 实施对相关重大事项（工程）的考核并形成考核资料 按期对考核结果进行通报并负责履行奖罚措施
规划发展部	负责工程工期及造价控制方面的考核并参与检查
相关职能部门	企业管理部、机电物资管理部、生产技术部、煤化工部、财务资产部等参与相关重大事项（工程）的检查与考核 党工部负责人事任免的检查和考核

陕北矿业年末进行重大事项（工程）汇总考核，并作为对二级单位班子成员年度工作考核的内容，与班子成员年薪挂钩。

4.5.3　安全管理——"四严守"

（1）严格遵守煤矿安全规程

《煤矿安全规程》是提升安全水平的重要保障。《煤矿安全规程》是我国安全生产法律体系中一部重要的行政法规，它与矿山安全生产的法律是互相衔接的，基本精神完全一致，可以说是矿山安全生产法律的具体化。

《煤矿安全规程》第二条规定"在中华人民共和国领域从事煤炭生产和煤矿建设活动，必须遵守本规程"。

《煤矿安全规程》矿井建设部分节选

第三十四条 煤矿建设单位和参与建设的勘察、设计、施工、监理等单位必须具有与工程项目规模相适应的能力。国家实行资质管理的，应具备相应的资质，不得超资质承揽项目。

第三十五条 有突出危险煤层的新建矿井必须先抽后建。矿井建设开工前，应当对首采区突出煤层进行地面钻井预抽瓦斯，且预抽率应当达到30%以上。

第三十六条 建设单位必须落实安全生产管理主体责任，履行安全生产与职业病危害防治管理职责。

第三十七条 煤矿建设、施工单位必须设置项目管理机构，配备满足工程需要的安全人员、技术人员和特种作业人员。

第三十八条 单项工程、单位工程开工前，必须编制施工组织设计和作业规程，并组织相关人员学习。

第三十九条 矿井建设期间必须按规定填绘反映实际情况的井巷工程进度交换图、井巷工程地质实测素描图及通风、供电、运输、通信、监测、管路等系统图。

第四十条 矿井建设期间的安全出口应当符合下列要求：

（一）开凿或者延深立井时，井筒内必须设有在提升设备发生故障时专供人员出井的安全设施和出口；井筒到底后，应当先短路贯通，形成至少2个通达地面的安全出口。

（二）相邻的两条斜井或者平硐施工时，应当及时按设计要求贯通联络巷。

……

第四十一条 开凿平硐、斜井和立井时，井口与坚硬岩层之间的井巷必须砌碹或者用混凝土砌（浇）筑，并向坚硬岩层内至少延深5m。

在山坡下开凿斜井和平硐时，井口顶、侧必须构筑挡墙和防洪水沟。

......

第六十四条 井塔施工时，井塔出入口必须搭设双层防护安全通道，非出入口和通道两侧必须密闭，并设置醒目的行走路线标识。采用冻结法施工的井筒，严禁在未完全融化的人工冻土地基中施工井塔桩基。

......

第七十条 建井期间应当尽早形成永久的供电、提升运输、供排水、通风等系统。未形成上述永久系统前，必须建设临时系统。

矿井进入主要大巷施工前，必须安装安全监控、人员位置监测、通信联络系统。

第七十一条 建井期间应当形成两回路供电。当任一回路停止供电时，另一回路应当能担负矿井全部用电负荷。暂不能形成两回路供电的，必须有备用电源，备用电源的容量应当满足通风、排水和撤出人员的需要。

高瓦斯、煤与瓦斯突出、水文地质类型复杂和极复杂的矿井进入巷道和硐室施工前，其他矿井进入采区巷道施工前，必须形成两回路供电。

......

第七十八条 建井期间，井筒中悬挂吊盘、模板、抓岩机的钢丝绳，使用期限一般为1年；悬挂水管、风管、输料管、安全梯和电缆的钢丝绳，使用期限一般为2年。钢丝绳到期后经检测检验，不符合本规程第四百一十二条的规定，可以继续使用。

煤炭企业应当根据建井工期、在用钢丝绳的腐蚀程度等因素，确定是否需要储备检验合格的提升钢丝绳。

（2）严格遵守安全生产责任制

安全生产责任制是根据我国的安全生产方针"安全第一，预防为主，综合治理"和安全生产法规建立的各级领导、职能部门、工程技术人员、岗位操作人员在劳动生产过程中对安全生产层层负责的制度。安全生产责任制是企业岗位责任制的一个组成部分，是企业中最基本的一项安全制度，也是企业安全生产、劳动保护管理制度的核心。

实践证明，凡是建立、健全和严格执行了安全生产责任制的企业，事故就会减少。反之，事故就会不断发生。陕北矿业规定所有建设项目必须严格落实安全生产责任。公司安监部是公司基本建设安全管理的监管部门，规划发展部、生产部和机电部是公司基本建设安全管理的管理部门，各项目建设单位是项目的安全实施主体，施工单位是项目安全生产管理的第一责任人。项目建设单位必须理顺管理体制，落实安全责任，严格现场管理。

矿建工程的施工单位要严格执行建设单位的安全管理。井下施工要实行领导带班制。规划发展部不定期检查施工单位的安全管理工作，督促施工单位完善安全设施，消除安全隐患。对不服从安全管理、违章作业、野蛮施工的工队，规划发展部有权令其停工整顿和经济处罚，严重的建议公司终止合同。

（3）严格执行现场管理规定

工程技术人员经常深入施工现场，检查、指导和解决施工过程中出现的各种技术问题，确保工程安全顺利进行。要对照质保措施和安全作业规程进行检查验收，及时有效地查处安全质量隐患。要按时举行工地例会和技术例会，积极协调内外关系，解决施工中存在的问题。工程技术人员，要加强业务学习，积极借鉴和推广应用新工艺、新技术，确保项目安全、快速、高效实施。

一是细化设计工代和驻地监理的职责，充分发挥设计工代和监理在施工管理中的作用。

二是建设单位要督促施工单位确保在安全文明管理施工方面的投入，检查落实建设项目的安全管理责任。施工现场要有良好的文明施工氛围和可靠的安全保障设施。特别是脚手架、施工用电、模板支撑拆除、塔吊、提升设备、中小型机械设备的使用均要符合安全规程的要求。施工区域标志醒目，进出口、临边及危险作业区应设明显的禁告牌或提示牌，机械设备应有操作规程牌和操作责任牌。

三是公司安监部、规划发展部、化工部和机电部作为公司基建安全管理部门，要不定期检查施工单位的安全管理工作，督促施工单位完善安全设施，消除安全隐患。对不服从安全管理、违章作业、野蛮施工的工队，有权令其停工整顿和经济处罚，严重的建议公司终止合同。

（4）严格执行大安全理念

在建设过程中充分考虑生产后的安全问题，将"大安全"的理念带入基建过程中，严格按正规生产矿井要求来管理基建时期的安全，在安全管理上实现基建与生产一体化，为矿井投产后的安全生产打下坚实的基础。

建设单位要争先创优，强化竞争意识，积极参与"项目管理先进单位""优质工程""文明工地"的评选。公司年底进行评比奖励。各单位的基本建设管理部门要认真学习集团公司和陕北矿业出台的《基本建设管理办法》，明确责任、制定措施，有计划、有考核、有奖罚，上下齐心、共同努力，安全有效地搞好基本建设工作。

4.5.4　质量管理——严把"三关"

牢固树立"百年大计、质量第一"的理念，建立健全质量管理和保障体系，严格执行设计标准和技术规范。在项目建设过程中，强化各项建设单位、监理单位、施工单位的质量责任，从原材料的进场检验、过程控制到竣工验收的全过程，形成环环相扣、层层把关、人人负责的控制体系，切实把质量管理的责任和质量保证措施落实到实处，确保质量目标的实现。

工程质量管理是项目建设的灵魂与根本，在矿井建设中处于严于一切、高于一切、重于一切的核心位置。煤矿基本建设工程的质量对整个煤矿建成投产以后的安全生产起着决定性的影响作用，是煤矿生产企业实现产量提高，利润增长的根本所在。

（1）严把"标准关"

在规范和标准方面，陕北矿业明确了四项要求：

一是明确施工单位要严格按照设计要求和施工规范进行施工，确保工程质量。隐蔽工程须经监理人员检查签字后方能进行下一道工序。

二是明确监理单位要认真审查施工单位提交的施工方案，加强事前、和事中控制，关键部位进行旁站，确保施工质量有可靠的技术保障；要加强进场材料、半成品和构配件设备的质量检查，确保工程质量有可靠的物质基础；要按程序提交监理规划、监理月报，及时如实地向建设单位汇报工程进展情况及存在的问题。监理在履行监理职责过程中出现违法违纪问题，建设单位有权处罚监理单位并要求更换监理。

三是明确建设单位负责监督检查监理单位和施工单位的质量控制体系，重点检查现场监理、施工单位项目负责人和安全技术负责人的从业资质，并备案。主要管理人员更换要征得建设单位同意；检查监理单位的质量控制手段、监理程序、监理资料；检查施工单位的质保体系、工程实体质量、原材料及半成品质量。

四是明确公司职能部门必须抽查施工单位和监理单位的工程资料，检查工程实体质量。发现问题及时处理，并视情况予以处罚。

在工程质量方面，认真执行国家相关文件及建筑法律、法规，工程资料均按要求整理，程序规范，工程质量合格，无任何安全事故。例如，安山矿主平硐及延伸段井巷工程取得了国家煤炭工业质检总站评定的优质工程；安山矿地面生产系统产品仓、筛分车间、栈桥土建工程被陕西建设工程质量监督中心评定为优质工程；韩家湾矿公寓楼工程被煤炭工业陕西建设工程质量监督中心评为省级文明工地。

（2）严把"验收关"

作为建设单位要加强项目实施过程中的全面监管工作，严格审查各施工单位的施工方案，重点审查质量保证措施，另外要协同监理单位做好施工过程检查以及质量验收工作，对于不合格的工序坚决不予验收。另外，作为施工单位首先要严格控制进入现场的各种施工材料以及施工机具的质量，对于需要复验检查的材料要严格按照相关抽样检查规定进行抽样检验，检验合格方可使用，另外也要加强自检、专检、交接检的"三检"工作，严格执行各项法律法规对于工程质量的规定。作为监理单位要加强施工过程的质量监督力度，加强工序验收工作，全程监督重点施工过程的质量形成过程，施行严格的验收制度，上道工序未经验收合格坚决不允许进行下道工序。

（3）严把"奖惩关"

结算资料须经监理单位复核确认，报项目管理单位审核，确认无误后出具《工程结算资料》清单，上报规划基建部开始办理竣工结算。规划发展部受理结算资料后，专业预算员应认真核实工程量及价格，出具"专用基金结算表"，交主管部门负责人审核，按规定程序报批。竣工结算后付款时，应注意按合同约定预留不少于工程结算金额5%的质保金。

4.5.5 结算管理——夯实"五管理"

项目结算管理在企业管理中占据着重要的地位，发挥着重要的作用。项目结算管理工作的好坏，将直接影响到企业的最终经营成果。项目结算是指施工单位与建设单位之间根据双方签订的合同（或补充协议）进行的工程合同价款的结算。项目结算分为项目工程的定期结算、阶段结算、年终结算、竣工结算。

结算涉及的资金体量大，稍有不慎和把关不严，将直接导致企业资金的巨大流失和项目投资成本的增加。结算管理一直是陕北矿业基本建设管理的薄弱环节，也是最容易"出事"的地方。陕北矿业通过确定定额标准、强化预算审批、强化合同管理、规范工程验收管理、细化工程结算流程改变了旧的管理方式。

（1）确立定额标准

为了加强基本建设管理、合理控制工程造价，依据《建筑法》《陕西省建筑市场管理条例》《煤炭建设工程费用定额及造价管理有关规定》等相关法律、法规、规定，以及集团公司关于工程预算有关规定和公司《工程预算审批管理办法》，结合实际情况，陕北矿业制定了《陕北矿业公司工程预算定额选用管理办法》。

在工程预算定额的选用标准方面，分土建和园林绿化工程、修缮项目、井巷及设备安装工程，加以明确。

第一，土建和园林绿化工程。执行 2009《陕西省建设工程工程量清单计价规则》《陕西省建设工程工程量清单计价费率》《陕西省建筑、装饰、安装、市政、园林绿化工程价目表》《陕西省建设工程施工机械台班价目表》及 2004 年《陕西省建设工程消耗量定额》，以清单计价模式计价，取费执行相对应的取费程序和取费标准。

第二，修缮项目。执行 2001 年《全国统一房屋修缮预算定额》及相对应的取费程序和取费标准，可选用定额计价。

第三，井巷及设备安装工程。执行 2007 年《煤炭建设井巷工程消耗量定额》和《煤炭建设机电安装工程消耗量定额》及 2007 年《煤炭建设井巷辅助费综合费定额》和《煤炭建设工程施工机械台班费用定额》，以及相对应的取费程序和取费标准。

对主材价格与调差范围进行了规定。工程中涉及的主材价格执行同期《榆林市建设工程材料价格信息》。一是价格信息中没有的材料由建设、监理、施工单位三方共同调查并出据报公司基本建设管理部认定。二是地板砖、墙砖等主要装修材料及灯具、卫生洁具、水龙头、喷头采购时必须有公司基本建设管理部预算审核人员参与认质认价。三是基本建设管理部要加强材料价格管理，完善材料价格信息网，建立健全地材进货台账，定期组织建设单位、监理单位、施工单位共同调查当地的材料价格，报公司研究确定。四是人工工资单价调整、新工艺、新材料的补充定额的编制等事项必须经公司研究确定。

陕北矿业基本建设预算主管部门要加强对预算定额使用情况的监督管理，定期组织对预算定额执行情况的监督检查，检查过程中发现有违反公司规定的将通报批评并责令整改，确保使用定额的合理和规范。

（2）强化预算审批管理

在预算管理方面，规定所有工程在招标前必须审定拦标价。拦标价审定必须规范、合理。对于甲方提供给排水、通风、供电、皮带运输情况的井巷工程，在记取辅费时据实扣除，对于需要设定永久性风水管路的，一次设计施工到位，避免二次施工造成浪费。

为了加强基本建设管理，合理控制造价，降低工程成本，节约使用资金，维护公司利益，坚决杜绝概算超估算、预算超概算、结算超预算现象，陕北矿业依据《建筑法》《陕西省建筑市场管理条例》《煤炭建设工程费用定额及造价管理有关规定》等相关法律、法规、规定和陕西煤化集团关于工程预算、审计有关规定，结合实际情况，陕北矿业制定了《预算审批管理办法》，见表4-8。

表4-8 陕北矿业工程预算审批管理办法

关键环节	主要内容
范围	所有基建、专项和其他资金来源的矿、土、安工程
职责	确定矿、土、安工程造价的执行标准和辅助费费率及规费的取费标准 在集团公司入围的造价公司内推荐和确定外委的造价公司，进行招标/比价，并监督检查外委造价公司的预算编制及确认情况 对建筑市场预算定额及建筑工程材料状况进行调研，确定、主材价格和调差的范围及标准 监督、检查工程预算的执行情况
工程预算审批标准	公司所属各单位及聘请造价公司编制的工程预算必须以基本建设管理部指定的定额为准 各基层单位和聘请的造价公司无权变更定额标准
工程预算辅助费及规费取用原则	工程辅助费记取标准，定额测定费用和劳保统筹的记取与否由公司基本建设管理部确定 各种预算定额中能引起预算额较大变化的系数和调整范围由公司基本建设管理部确定
外委造价公司	新建大型项目工程预算审批按照公司招标/比价方式确定造价公司，其聘请费用由建设单位承担 其他资金来源的工程预算，一律由基本建设管理部审批。特殊情况，可以外委造价公司审核，外委造价公司选择按招标/比价方式确定收费标准，费用由公司统一支付 外委造价公司调整差价系数时必须报基本建设管理部同意后执行 对建筑市场定额及建筑工程材料状况的调研必须由公司基本建设管理部牵头进行，并最终确定定额标准及主材价格 对外委造价公司执行不力，随意提高取费标准和扩大定额范围，责令其整改或中止外委合同，由此造成的损失由造价公司承担

关键环节	主要内容
协调和监督	公司主管部门要加强对建设工程预算管理的综合协调和监督管理，定期对各建设单位工程预算执行情况监督检查，检查过程中发现有违反行业及集团公司有关规定的将通报批评并责令整改，确保工程预算的合理审定和有效控制
预算执行情况检查	定期检查各单位预算执行情况，凡发现实际施工方式与预算不符时，及时提出更改或调整预算
工程技术参数	施工图纸中不涉及安全和质量但影响造价技术参数的，由基本建设管理部会同安全、生产技术部门在调研论证的基础上报公司总工程师同意后变动技术参数，其他单位无权修改
编制预算与签订合同	凡由外委造价公司审批的预算，必须经公司基本建设管理部进行确认后，方可按照确认后的预算签订合同。若实际工程量超过审核预算额的10%，必须履行相关程序，重新签订合同
工程预算审批流程	建设单位应在施工图设计完成后 30 日内报送工程预算书两份，另交电子版一份，并随同预算书报审以下相关资料：①工程主管部门批准的技术方案纪要、工程计划、资金来源说明、建设单位提供的辅助实施、甲供材料明细；②预算工程量计算书、材料价确定说明及取费标准说明 基本建设管理部从收到各单位报送的预算书之日起 10 个工作日内要完成预算的审查及批复。对结构复杂、技术含量高、专业性强的工程预算的审批，由基本建设管理部委托造价事务所审核。基本建设管理部要对造价事务所审核的预算进行复核确认 所有工程在招议标前必须确定拦标价。拦标价由基本建设管理部根据审定的预算按有关规定确定
工程预结算范围及规定	公司所属各单位的矿、土、安工程项目的预算、结算 对列入成本费用科目下的中小设备修理及工程维修预算审批按以下标准执行：①单项工程造价在 20 万元（含 20 万元）以上的工程预算建设单位审核后报基本建设管理部审查批准；②对金额低于 20 万元的中小修理工程项目，由各单位自行审查，公司基本建设管理部抽查

关键环节	主要内容
工程预算日常监督	监督检查施工合同价款是否与批准的预算造价相符；甲、乙双方责任是否明确；形象进度款支付是否超过工程预算（或概算）；是否预留20%的工程款待决算审计完毕后结算
	监督检查工程内容是否与批准的施工图一致；有无擅自改变计划，变相扩大建设规模和提高建设标准现象；有无擅自改变巷道断面特征、支护参数，变相降低建设标准现象；检查隐蔽工程验收情况；检查有无偷工减料、以次充好、乱挤乱摊工程成本、虚报冒领工程款问题
	检查工程款的支付情况。所有工程价款结算必须实行先审核后结算制度。月度支付由建设单位审定，每季度末由公司审核后支付。严禁超进度付款，预付工程备料款和甲供材料要严格按合同规定从结算的工程价款中及时扣回
	监督检查工程施工时，发现现有作业方式浪费资金和资源，有义务向相关部门提出修改设计，改变相关参数，从而节约建设资金

为了更好地执行该规定，还规定了相应的奖罚措施。

第一，具有下列情况之一的，经核实后属实的，基本建设管理部可视情况建议给有关单位予以奖励。一是检举、揭露有关违反本规定行为的。二是发现重大工程质量事故、偷工减料、以次充好和工程决算书弄虚作假的。三是降低工程成本，节约资金且工程质量取得省市级奖励的。四是根据现场作业方式提出合理化建议，改变巷道局部特征，有利于排水、节电等，降低工程成本，节约建设投资的，奖励节约资金的 0.1% ~ 0.3%。五是在工程预算审核中符合规定核减预算额超过 5% 的，可根据情况给予审核人适当奖励。

第二，具有下列情况之一的，给予处罚。一是未报工程预算而开工或未在规定时间报送有关预算审查资料的，财务部门可拒绝付款，并对建设单位处以工程造价 5% 的罚款，主要责任人 1000 ~ 5000 元的处罚。二是公司所属单位递交的工程预算审批时，若核减价超过所报预算价的 6%，对建设单位预算审核人员处罚 200 ~ 500 元；施工单位上报预算价超过审批预算价的 10%，预算方案退回重新制定，其预算审批费用由施工单位自行承担。三是擅自改变巷道断面特征，支护参数的，多余工程量不予认可，给予公司相关责任人罚款 1000 元，施工单位罚款 1～5（万元）。

第三，各二级单位要加强各类预算的管理，指定专人收集、归类、保管整理各类审批资料，并进行存档。

第四，设计、变更、签证等相关规定。一是工程变更和现场签证必须严格按公司已经出台的基本建设管理办法执行，不规范的签证和变更一律不予认可。二是所有变更和签证，均需由建设、施工、监理三方签字，分管领导审批，且在当月确认工程量及费用。否则，其费用结算不予认可。三是建设单位在设计合同中必须明确：工程项目因施工图设计不完善、不合理，引起工程费用变动，由建设单位与施工单位协商解决；设计单位应保证工程项目设计合理、规范，并提供电子版和预算书。

（3）创新合同管理方法

在合同管理方面严把"五关"，即图纸会审关、合同关、预算关、验收关、结算关，图纸会审由设计、陕北矿业、施工、监理四方同审同签；合同由业务部门牵头组织计划、财务、企管部门共同参加进行合同谈判，形成纪要后签订；预算由建设、监管、施工三方会审会签；验收由建设、监理、施工、质检、档案等单位部门共同组织验收；资金管理方面，制定了建设资金支付流程。

（4）规范工程验收管理

第一，专项工程完工后，按专项工程管理办法规定验收。

第二，其他单项工程竣工后，由施工单位填写竣工报告，监理单位审核合格后报建设单位。建设单位组织初验合格后报公司。由公司基建部组织相关单位联合验收。验收合格后，形成竣工报告，由质监单位进行质量认证。

第三，造价在 100 万元以内的单项及单位工程，由建设单位组织验收，公司相关部门参加；造价在 100 万元以上的单项工程，由公司基建部组织验收。

第四，新建、改建和扩建的基建项目完工后，公司成立验收小组，专门负责项目的竣工验收工作。

第五，验收发现的问题，书面通知施工单位限期处理。处理彻底后，再组织有关部门和单位重新验收，复查达到要求后，签署验收意见书。

（5）细化工程结算流程

施工单位按照工程竣工决算要求提供结算资料，结算资料一般包括：完成工程的设计图纸内容和合同约定事项、设计变更、签证等各项内容验收资料，包括"工程开工报告""工程竣工验收报告"、经批准的施工图、施工组织设计、设计变更单、现场签证单、工程联系单、专项施工方案、技术核定单、委托书等。工程施工合同、补充合同和协议书。工程招标文件原件。施工单位报送的"工程价款结算表"。

结算资料须经监理单位复核确认，报项目管理单位审核，确认无误后出具《工程结算资料》清单，上报规划基建部开始办理竣工结算。基建部受理结算资料后，专业预算员应认真核实工程量及价格，出具"专用基金结算表"，交主管部门负责人审核，按规定程序报批。竣工结算后付款时，应注意按合同约定预留不少于工程结算金额5%的质保金。

工程竣工验收后，建设单位在10天内完成结算整理，整理依据合同和变更编制工程结算，报规划部审核。10万元以上、20万元以下的工程由公司规划部确认；20万元以上、100万元以下的工程预算由规划部审核，分管领导审批；100万元以上的工程分管领导审批党政联席会通过后，由建设单位报审计室审定。

工程结算超过合同价的10%，由公司纪委对建设单位和规划部相关人员进行考核处罚。

第5章 创新预算经营方法

方法问题实际上是企业管理的"套路问题",套路能保证企业经营管理做到"事半功倍"。世界上著名的企业,都形成了适合自身特点的"套路",例如海尔 OER、丰田的 JIT、华为的工作法,等等。陕北矿业在推行预算经营过程中,也建立起自己的"套路"来高效指导各级单位的经营管理行为,即在问题诊断上问清五个问题即问题诊断 5Q 法、在创新上遵循四个环节即管理创新 4 步法、在具体执行上严格把控七个环节即预算经营 7 环法。

5.1 5Q 法

5.1.1 问题诊断 5Q 法

全面预算管理中,遇到问题首先要把问题搞清楚。该问题到底是一个什么问题(是缺乏较好的机制、是职责没有划清、是权限不清晰、是流程不明确,还是没有管理标准),见图 5 - 1 及表 5 - 1。

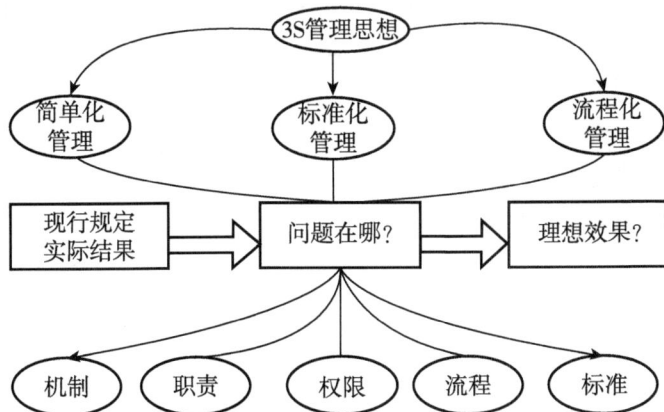

图 5 - 1　3S 管理思想下的管理诊断

表 5 - 1 　陕北矿业管理诊断表（节选）

类型	问题	I	II	III	IV	V
公司治理	法人治理结构是否健全	√			√	
	重大决策程序是否合理		√		√	
	管控模式是否有效					√
	总体与二级单位的职责划分和职权配置是否合理	√		√		
公司战略	是否有明确的、长期的战略目标	√	√			
	战略目标的内容是什么					
	精细化管理目标是否是战略目标的组成部分					√
	经营战略是如何制定的				√	
	战略实施的保障措施		√			√
组织管理	企业业务流程				√	√
	企业组织采用何种形式		√			
	经营组织的内部管理层次			√		
	企业组织的管理幅度	√			√	
	各职级权责是否明晰			√		
	业务的执行程度	√				√
人力资源管理	员工与岗位是否匹配，是否做到精简					√
	工资和福利制度是否起到激励作用	√				
	选人用人方式	√				
	是否有完善的绩效考核体系	√			√	√
	人才的使用情况	√				
	员工的满意程度					√
	人才流失情况	√				
	员工的主动性和精神状态	√				
	中层管理者的履职情况	√	√	√	√	√
……	……					

注：Ⅰ类问题为机制问题，Ⅱ类问题为职责问题，Ⅲ类问题为权限问题，Ⅳ类问题为流程问题，Ⅴ类问题为标准问题。

如前所述，陕北矿业的前身属于部队所办矿井，一方面部队的优良作风对陕北矿业的发展起到了关键作用，但是另一方面其经营管理机制在过去还相当落后，基本上不适合市场经济，整体上表现为以下主要问题：

一是企业员工对危机认识还不够到位，市场变化带来的压力还没有有效传导给岗位。虽然近年来公司在各个方面，特别是企业文化和员工素质方面取得了非常大的进步，但是整体上"等靠要思想严重""相信煤炭行业黄金十年还会再来""主动性不够强""经营管理理念落后"等员工思想状态并没有得到有效地改进。员工普遍认为经营压力是领导操心的事情。陕北矿业还没有把目标成本落实到岗位上，把压力传导到员工身上。

二是"公平性"问题没有从根本上得以解决，岗位薪酬确定依据还缺乏科学依据。尽管陕北矿业在公司机关层面建立起了动态目标绩效考核体系，但是在基层特别是区队层面员工考核还缺乏科学合理的评估方法，导致评优、提干和转正等环节人为主观性太强，这在很大程度上损害了基层员工的积极性。多年来，煤炭行业受煤炭价格高涨的影响，员工薪酬自然是水涨船高，调薪的基础基本上取决于外部环境和同行的水平，基本上还没有建立起"按岗位价值"为基础的薪酬体系。

三是降本增效没有实现落地。随着市场经济的日益发展，特别是在过去几年，煤炭价格一路高涨的时期，企业根本没有重视到降本增效的价值。最近两三年，一方面生产成本日益增大，各种客观增支因素不断增加；另一方面企业内部还存在生产过程成本控制弱，员工成本意识淡薄，成本管理粗放，责任不清，铺张浪费的问题。成本管理没有落实到岗位，经营压力和市场压力没有传递给每个岗位员工，没有把员工的责权利统一起来，没有把员工当成企业的经营体来看待，成本高低与员工无关。由于没有较好地解决生产岗位材料消耗与自身收入挂钩的关系，生产单位还是一味地看重产量。

四是公司执行力缺乏。执行力是企业的一个竞争力的象征，有执行力的企业在竞争中才能受到客户的喜爱，从而实现企业的利益。没有相应的管理制度、业务流程，或出台的制度、流程不够严谨，过于烦琐，不利于执行。这些都是造成执行力不强的原因，导致许多好的管理想法和措施停留在领导层面或者制度层面。这主要源于公司员工主动性不强、相应管理素能缺乏和考核机制不健全，缺乏内在驱动力。

五是中层管理人员素能有待提高。中层管理人员是一个企业的"腰"，特别是像陕北矿业这样的公司，中层管理人员的素能往往决定企业的发展壮大。目前，中层管理人员主要存在以下问题：履行职责不到位，"差不多"就行了，没有精益求精的思想；权利和职责失衡，一些岗位存在"权利过度"，而相应的职责却单一；在工作中不从企业利益出发，在程序和内容上打折扣，留"接口"和"后门"，为自己谋利益。工作中管理者还存在不敢负责、不敢处理、不敢创新等现象。

解决上述问题，除了针对专业问题设计出相应的管理方法外，更应该从整体上和根本上解决其长效机制问题，用经营管理机制去激活管理行为，做到用机制创新去激励员工实现由被动服从向主动参与转变、由"等靠要"向"争抢挣"、由"低要求"向"高标准"转变、由外在物质激励向内在自我激励转变以及由本位主义向团队意识转变，彻底改变过去"领导说一下，下属动一下"和"领导不说，下面就等着"的经营管理局面。因此，精细化管理首要问题需要解决机制创新，用机制创新去激活员工的主观能动性和创造热情。

机制创新对于企业来讲是"宏观层面"和"思路方针"，必须还要做到"四明确"，即明确职责、权限、流程和标准。通过职责、权限、流程和标准的重新确立把机制创新确立的思路和方向具体化。

5.1.2 自营工程管理

解决问题，除了针对专业问题设计出相应的管理方法外，更应该从整体上和根本上解决其长效机制问题，用经营管理机制去激活管理行为，做到用机制创新去激励员工实现由被动服从向主动参与转变。

笔者以韩家湾煤矿自营工程为例来说明这种方法的运用。

自营工程就是由本企业内部的专业施工队伍或抽调本企业各部门、单位的有专业技术特长的职工建设完成的工程。韩家湾煤矿自营工程是指凡列入专项、成本费用支出的矿、土、安工程，以及零部件加工等，具备自营实施能力的项目，均可自行组织施工，简称自营工程。

运用 5Q 法对自营工程管理进行诊断，结果见表 5 – 2。

表 5 – 2 陕北矿业自营工程诊断

机制	职责	权限	流程	标准
① 激励机制缺失 ② 不和安全质量挂钩 ③ 没有考核机制	① 分工不明确 ② 存在多头管理 ③ 管理机构缺失 ④ 职责划分不清	① 审批权限模糊 ② 材料管理权限 ③ 安全管理权限 ④ 审核权限	① 环节多 ② 签字的人多 ③ 流程不清晰	① 缺乏验收标准 ② 消耗定额标准不明确
具体的解决措施				
① 自营工程施工根据实际施工情况增加单位工资分配，并与当月安全质量结构工资挂钩 ② 根据公司年终工资补充份额，适当给予施工单位奖励资金 ③ 出现安全事故等情况，与当月安全质量结构工资挂钩并进行事故追查	① 在企业管理部设自营工程管理办公室 ② 生产和机电部门根据材料消耗清单分配自营工程材料配件 ③ 人力资源管理部门根据劳动定额结算自营工程人工费用	① 在企业管理部设自营工程管理办公室 ② 生产和机电部门根据材料消耗清单分配自营工程材料配件 ③ 人力资源管理部门根据劳动定额结算自营工程人工费用	①方案编写：企业管理部 ②审批：实施方案由企业管理部门签发经相关领导审批 ③ 材料管理：由施工单位自行领取，并备案 ④安全管理：各单位承办自营施工项目自行负责	① 自营施工项目竣工验收严格按照《基本建设管理办法》执行 ② 工程管理部门根据自营施工方案、验收手续及煤炭建设地面建筑工程消耗量定额套取人工消耗额，确定人工消耗量

严控验收环节，自营施工项目竣工验收严格按照《基本建设管理办法》执行，并根据实际情况对材料消耗量进行考核，严控超计划物料。

5.2　管理创新 4 步法

5.2.1　4 步法原理

第一步：明确问题。全面预算管理中，遇到问题首先要把问题搞清楚。该问题到底是一个什么问题（是缺乏较好的机制、是职责没有划清、是权限不清晰、是流程不明确、还是没有管理标准）。可利用前面的 5Q 方法。

第二步：分析原因。全面预算管理中，针对问题要明确相应的原因。例如基本建设管理存在问题的原因可以概括为：一是思想僵化；二是员工专业素能低导致认识不到位；三是目标单一和缺乏整体驱动力，等等。

第三步：构建方法。全面预算管理中，解决问题的方法很重要。共性方法只能是一些框架性的东西，只能是一些原则性的东西，只能是一些基本性的东西。个性方法才是体现事物本质特性的，才是有效解决问题的，才是塑造企业特质和核心竞争力的。

第四步：管理实践。全面预算管理中，管理实践要体现以下原则：成本效益原则、边际收益最大化原则、重点原则、系统性原则、动态性原则、激励机制原则、目标导向原则。

总体上，4 步法运用过程见图 5－2。

5.2.2　4 步法应用

下面以陕北矿业基本建设管理创新与实践为例来说明上述步骤的运用。煤炭企业作为特殊行业，煤炭建设工程有其显著的特殊性，有生产环境复杂、受地质条件变化的影响大、设计变更多、作业环境恶劣等不利条件，要提高项目建设管理水平，节约建设成本、降低投资风险，就必须学习和引进先进的项目管理模式与煤炭企业建设实际相结合，探索一套适合陕北矿业实际的基本建设管理模式。该模式必须系统解决陕北矿业基本建设中管理存在的问题：

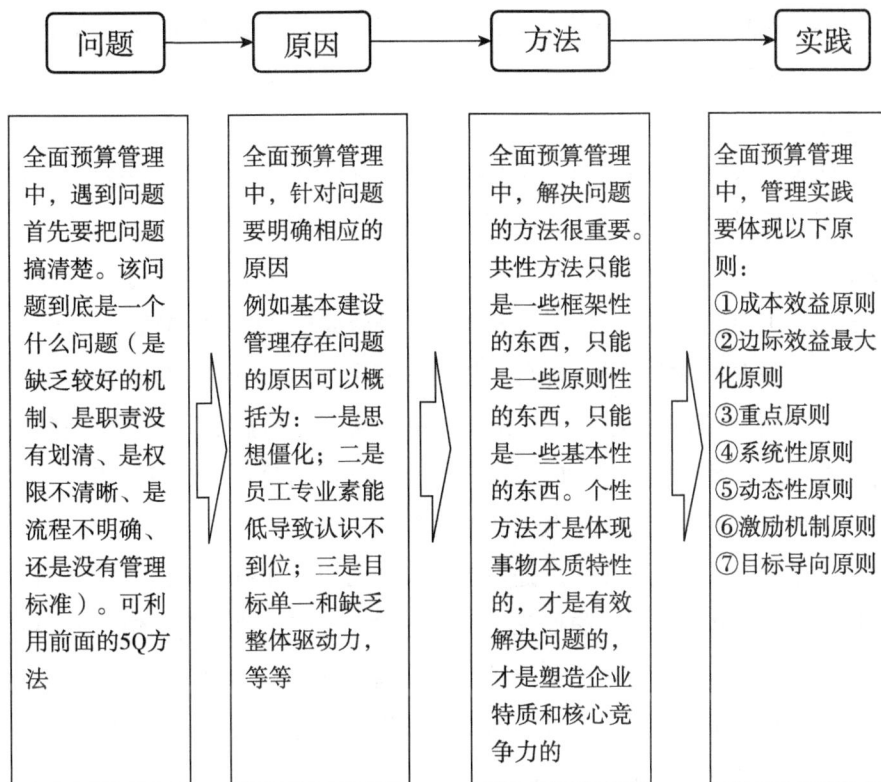

图 5－2　全面预算管理 4 步法

一是项目决策不严谨。"三无"工程（无计划、无资金、无合同工程）大量存在。一些专项工程和质量标准化工程从方案编制到审定，缺少公司专业人员的介入和指导，导致方案在执行过程中不能有效保护公司利益。

二是项目设计过程缺乏监管。一方面，设计责任终身制使一些设计人员为了避免建筑产品出现重大质量问题而承担设计责任，有意加大设计的安全系数，人为地增大了工程项目的投资，使企业遭受不必要的损失。另一方面，由于设计费多数是按投资的百分比计算的，造价越高，规模越大，设计单位的收入越多，这就客观上降低了设计单位进行方案优化及评审的积极性。此外，部分设计人员往往与施工单位、材料设备供应商有利益关系，追求项目以外的利益最大化，最终导致公司利益受损。

三是缺乏投资动态控制。项目建设中，普遍存在"结算超预算，预算超概算，概算超估算"现象，工程变更和现场签证管理薄弱，投资管控理念薄弱，项目建设一味追求"高大上"，忽视项目投资成本对企业运营成本的影响。

四是过程管理存在盲区。工程技术人员不想承担责任，机械地照图施工，工程质量没有保证；施工组织设计和施工方案流于形式；施工前不能按安全技术交底，甚至对违章作业放任自流，存在极大安全隐患；事前控制不够，事中把关不严，事后补救不力，导致变更频繁，投资加大。

五是基本建设文化培育滞后。权利和职责失衡，一些岗位存在"权利过度"，而相应的职责却单一；在工作中不从企业利益出发，在程序和内容上打折扣，留"接口"和"后门"，为自己谋利益。工作中管理者还存在不敢负责、不敢处理、不敢创新等现象。

上述问题，固然与企业所处发展阶段和历史形成有关，但更重要的是由以下因素导致：一是思想僵化，特别是在煤炭行业"黄金十年"发展时期，企业和与员工形成了"只要项目上马就能挣钱"的观念。二是员工专业素能低导致认识不到位，许多问题不是没有能力解决，也不是没有解决办法，关键是觉得"问题"不是"问题"。例如，设计单位提供的安全系数高的设计、项目决策的质量和重要性、过程控制的关键点，等等。三是目标单一和缺乏整体驱动力，过去把质量放在过程控制的首要位置，忽视了项目投资收益才是项目建设的出发点，如何建立确保项目收益的目标管理体系才是基本建设管理的源头。四是缺乏有效的管理水平提升手段，很多时候通过努力找到了问题，但缺乏系统性工具，不知道如何下手才能保证有效解决问题。五是工作没有重点，寄希望《陕北矿业基本建设管理办法》（2011 年制定）解决所有问题，面面俱到。

面对问题，如何从根本上、源头上再造基本建设管理，一度是困扰陕北矿业的难题。是直接套用先进矿井的基本建设管理体系，还是从陕北矿业的实际情况出发探索出适合陕北矿业实际的基本建设管理体系，前者省事也有说服力，但难以解决基本建设管理过程中深层次问题；后者费事耗时，但能切中要害。煤炭企业基本建设可以说是企业经营管理过程涉及利益相关者最多、面对经济利益最直接的环节，要想管好就得有担当，指定的措施本身是科学合理的和符合实际情况的，执行起来一定要到位，不能打折扣和讲情面，这些是直接套用先进矿井的基本建设管理体系难以做到的。

方法必须是为问题而产生的。企业经营管理方法，有共性也有个性。共性只能是一些框架性的东西，只能是一些原则性的东西，只能是一些基本性的东西。个性才是体现事物本质特性的地方，才是有效解决问题的，才是塑造企业特质和核心竞争力的地方。个性培养源于对自身的清醒认识和对存在问题的深入了解。传统基本建设管理常常根据项目过程的"四大"来构建其管理体系。陕北矿业如果沿用这种思路，固然能保证基本建设管理内容不"走样"，也能在形势和心理上得到认可，但难以保证真正地解决存在的问题。

陕北矿业作为陕西煤化集团的重要子公司，肩负的责任重大。陕北矿业不愿做一个"平庸"和"追随"的企业，在把握问题本质的基础上，重塑基本建设管理目标——降本增效，以创新和精细化为管理水平提升的驱动力，抓住"设计"，培育基本建设管理文化，从而打造出和有效实践了基本建设变革管理模式，见图 5-3。

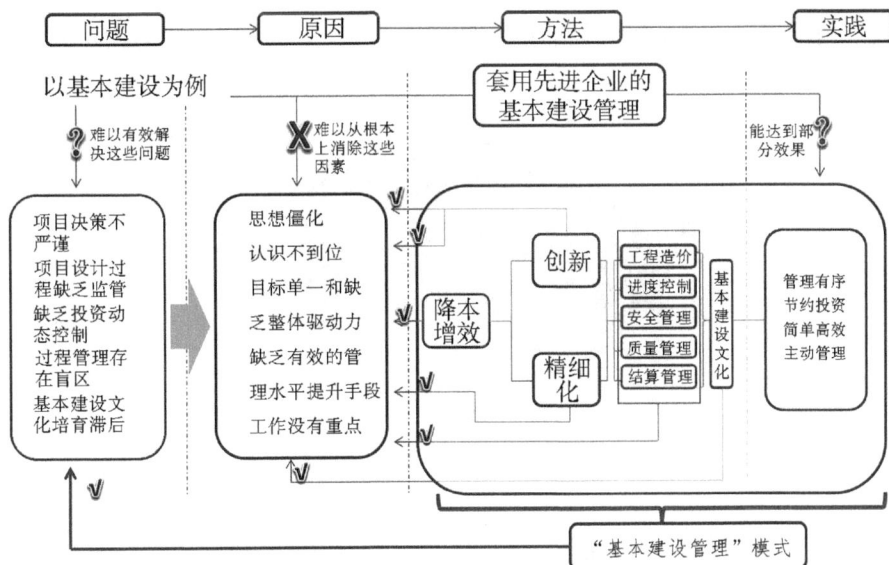

图 5-3　陕北矿业基本建设管理方式变革

5.3 预算经营 7 环法

5.3.1 7 环法原理

预算经营不等于经营预算，见图 5－4。经营预算和资本预算、资金预算、财务预算一起构成传统全面预算管理的主体内容。但是，预算经营是运用预算管理手段使企业内部资源达到高度整合，同时将企业价值与各级组织的具体目标、岗位职责相联系，全方位保障企业战略的实现。

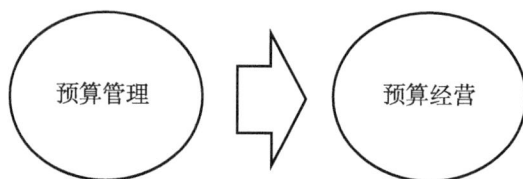

图 5－4　预算管理与预算经营

预算管理仅仅是全面预算经营的一部分，预算经营更重要的是实现在企业价值增值动态过程中资源、手段、方法的高度一体化，包括预算管理、内部市场、目标管理等，见图 5－5。

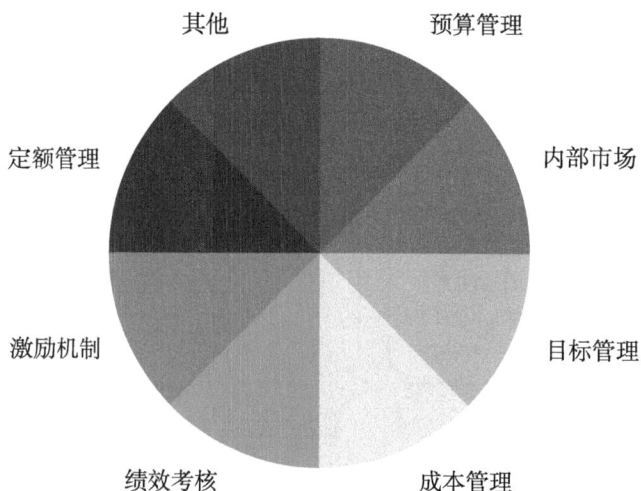

图 5－5　预算经营体系

陕北矿业全面预算经营包括 7 个环节，即确立企业目标、划分经营主体、编制预算、承包费用、过程控制、绩效管理、价值核算（工资结算），见图 5 - 6。

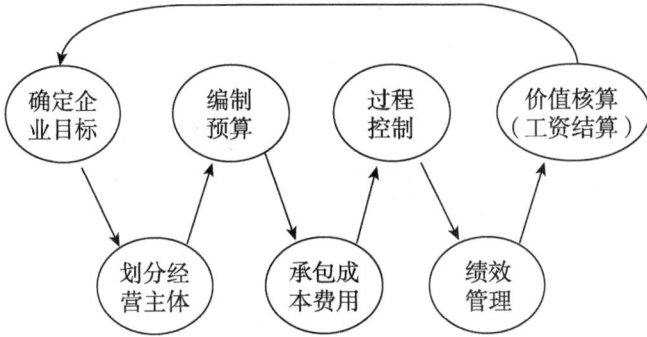

图 5 - 6　预算经营 7 环法

5.3.2　7 环法应用

下面以陕北矿业韩家湾煤矿全面预算经营实践来举例说明 7 环法的应用。

第一环　确定陕北矿业韩家湾煤矿经营目标，见图 5 - 7。

陕北矿业

①产品产量
原煤产量900万吨
发电量3.67亿度
化工产量9.36万吨
②产品销量
煤炭产销平衡
电力上网销售3.25亿度
③完全成本
原煤完全成本107元/吨
洗煤加工费10.5元/吨
电力完成成本0.3063元/度
④利润9.2亿元

韩家湾煤矿

①原煤产量
计划450万吨（其中：综采380万吨），奋斗目标480万吨
②洗块煤量
计划135万吨，奋斗目标144万吨
③产品销量
原煤计划315万吨，洗煤135万吨
④利润总额
计划1.90亿元，奋斗目标2.50亿元
⑤经营活动现金流量最低净额买现1.88亿元
⑥原煤单位完全成本：105元/吨
⑦洗煤加工费：9.95元/吨

图 5 - 7　陕北矿业韩家湾煤矿经营目标

第二环 根据费用中心考核制划分经营主体，见图 5 - 8。

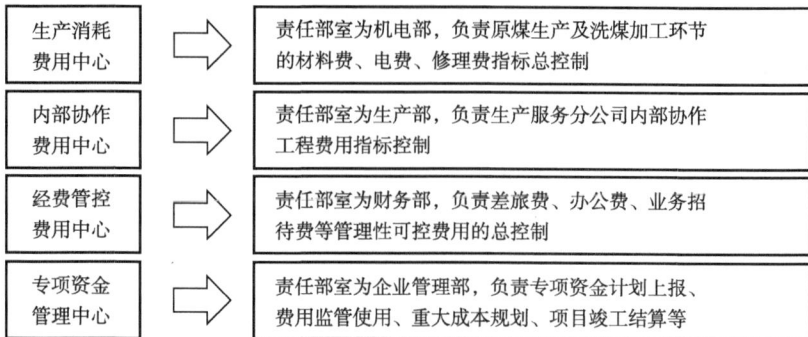

生产消耗费用中心	⇨	责任部室为机电部，负责原煤生产及洗煤加工环节的材料费、电费、修理费指标总控制
内部协作费用中心	⇨	责任部室为生产部，负责生产服务分公司内部协作工程费用指标控制
经费管控费用中心	⇨	责任部室为财务部，负责差旅费、办公费、业务招待费等管理性可控费用的总控制
专项资金管理中心	⇨	责任部室为企业管理部，负责专项资金计划上报、费用监管使用、重大成本规划、项目竣工结算等

图 5 - 8 韩家湾煤矿费用中心

第三环 根据费用中心考核制度编制预算，见表 5 - 3 和表 5 - 4。

表 5 - 3 韩家湾煤矿降本目标

①材料费在上年基础上下降9%

②电费在上年基础上下降8%

③中小维修费在上年基础上下降25%

④取消质量标准化费用单项列支渠道，发生费用列入材料费承包指标

⑤可控性管理费用严格执行总额控制、分坝考核，在上年基上下降6%

⑥其他可控性成本费用指标结合实际适当下调

表 5 - 4 韩家湾煤炭公司 2017 年全面预算汇总表（部分）

单位：万元

项目	详见表格	本年			下年预算	备注
		1~10月实际	11~12月预计	全年预算		
一、营业收入		56926.00	14222.08	71148.08	72465.51	
（一）主营业务收入	表5	56905.38	14036.08	70941.46	72085.47	
（二）其他业务收入	表26	20.62	186.00	206.62	380.04	
二、主营业务成本		27946.43	8470.14	36416.56	37373.72	
1. 原煤环节		26585.31	8044.13	34629.44	35770.81	
（1）材料费	表7	1243.10	729.53	1972.63	1273.95	

项目	详见表格	本年			下年预算	备注
		1～10 月实际	11～12 月预计	全年预计		
（2）配件	表 8	1686.16	234.46	1920.62	1727.10	
（3）电费	表 9	642.38	196.00	838.38	658.35	
（4）水费	表 12			0.00		
（5）职工薪酬	表 18	3882.18	1946.75	5828.93	4887.37	
（6）劳务派遣人员劳务费用	表 14	592.42	87.94	680.36	451.65	
（7）折旧费	表 19	1427.25	314.00	1741.25	1916.44	
（8）维简及井巷费	表 13	4384.97	865.03	5250.00	4725.00	
（9）安全费用	表 13	6264.24	1235.76	7500.00	6750.00	
（10）地面塌陷补偿费	表 17	1087.23	164.77	1252.00	806.00	
（11）专业化服务外包费		5455.57	1213.63	6669.20	7631.84	
①拆除、安装工作面费	表 11	698.01	230.00	928.01	1657.66	
②外委掘进费	表 15	4757.56	983.63	5741.19	5974.18	
（12）其他零星支出等	表 16	−80.18	1056.25	976.08	4944.11	
2. 洗煤加工环节		1361.11	426.01	1787.13	1602.91	
（1）外购原料煤成本（不包括自产原料煤）	直接填列			0.00		
（2）材料费	表 7	111.68	31.15	142.83	115.00	
（3）配件	表 8	87.18	43.92	131.10	90.00	
（4）电费	表 9	181.02	44.00	225.02	185.96	
（5）修理费	表 12			0.00	0.00	
（6）职工薪酬	表 18	240.78	142.40	383.18	383.18	
（7）劳务派遣人员劳务费用	表 14			0.00		
（8）折旧费	表 19	310.44	62.09	372.53	372.48	

到这一步，全面预算经营只完成了静态环节，更重要的在后面的动态环节。

第四环 确定承包成本费用，其中机电部的相关成本承包费用见图 5-9。

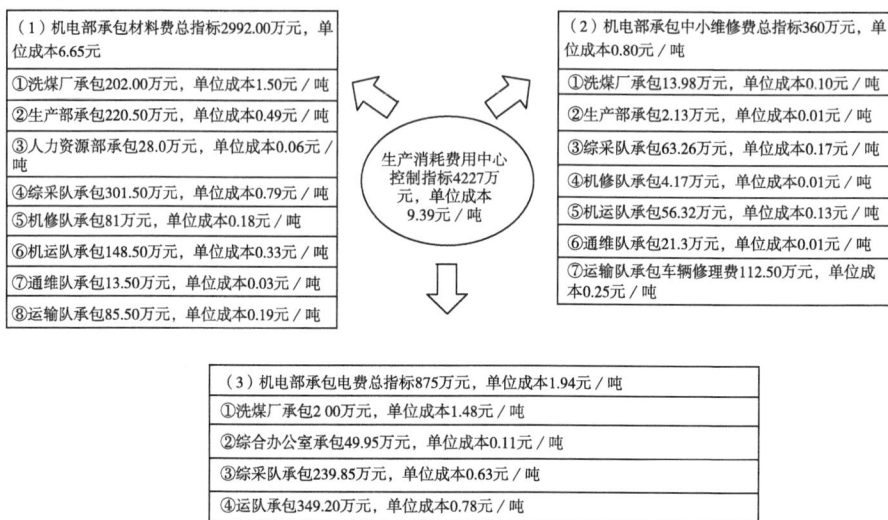

（1）机电部承包材料费总指标2992.00万元，单位成本6.65元
①洗煤厂承包202.00万元，单位成本1.50元/吨
②生产部承包220.50万元，单位成本0.49元/吨
③人力资源部承包28.0万元，单位成本0.06元/吨
④综采队承包301.50万元，单位成本0.79元/吨
⑤机修队承包81万元，单位成本0.18元/吨
⑥机运队承包148.50万元，单位成本0.33元/吨
⑦通维队承包13.50万元，单位成本0.03元/吨
⑧运输队承包85.50万元，单位成本0.19元/吨

生产消耗费用中心控制指标4227万元，单位成本9.39元/吨

（2）机电部承包中小维修费总指标360万元，单位成本0.80元/吨
①洗煤厂承包13.98万元，单位成本0.10元/吨
②生产部承包2.13万元，单位成本0.01元/吨
③综采队承包63.26万元，单位成本0.17元/吨
④机修队承包4.17万元，单位成本0.01元/吨
⑤机运队承包56.32万元，单位成本0.13元/吨
⑥通维队承包21.3万元，单位成本0.01元/吨
⑦运输队承包车辆修理费112.50万元，单位成本0.25元/吨

（3）机电部承包电费总指标875万元，单位成本1.94元/吨
①洗煤厂承包2.00万元，单位成本1.48元/吨
②综合办公室承包49.95万元，单位成本0.11元/吨
③综采队承包239.85万元，单位成本0.63元/吨
④运队承包349.20万元，单位成本0.78元/吨

图 5-9 确定机电部承包的成本费用

在图 5-9 的基础上，再将成本费用分解到班组和个人，见图 5-10。

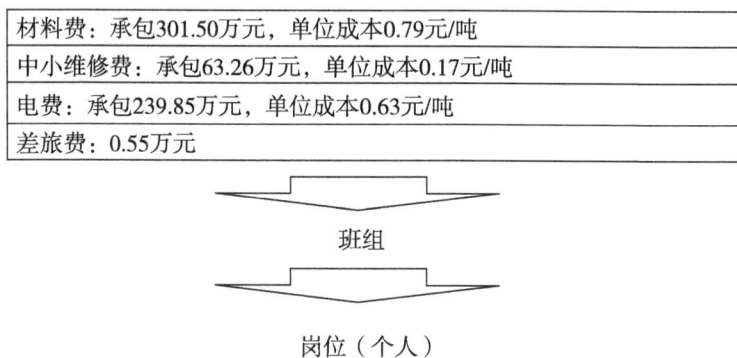

材料费：承包301.50万元，单位成本0.79元/吨
中小维修费：承包63.26万元，单位成本0.17元/吨
电费：承包239.85万元，单位成本0.63元/吨
差旅费：0.55万元

班组

岗位（个人）

图 5-10 将成本费用分解到班组和个人

第五环 过程控制。重过程控制是陕北矿业全面预算经营的一大特点，主要表现为预算管理过程控制、重大成本开支等项目过程控制、预算经营过程控制，见图 5-11。

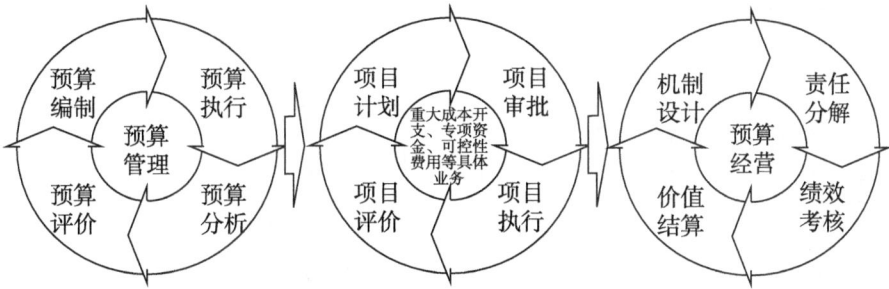

图 5 - 11　预算经营过程控制

第六环　绩效控制，见图 5 - 12。

图 5 - 12　绩效控制

第七环　价值结算。各区队的工资总额根据该区队人均工资计划水平，结合区队定员人数进行核定。各区队工资总额与年度相关生产指标进行挂钩考核，制定结算单价，见表 5 - 5。

表 5-5　综采队工资结算

区队	定员 (人)	计划任务 (万吨)	奋斗目标 (万吨)	工资总额 (万元)	基础单价 (元/吨)	超产单价 (元/吨)
综采队	78	380	400	908.59	2.15	4.5
机运队	84	450	480	632.65	1.32	
通维队	38	450	480	303.62	0.51	
运输队	16	450	480	123.29	0.26	
销售部	33	480	500	203.65	0.41	
机修队	43	450	480	225.90	0.38	
洗煤队	38	135	144	214.80	1.49	

例如，综采队以回采产量进行工资结算，执行两部单价结算，当月生产任务未完成奋斗目标，以基础单价进行工资结算；当月生产任务完成奋斗目标，超出计划目标的部分按照超产单价进行结算，其余部分按照基础单价结算。综采队结算单价包含的工作内容：原煤生产（采煤机割煤、支架前移、推送刮板运输机）、煤质管理、工作面初采初放及末采工作、采煤工程质量管理、采高控制，负责工作面、皮带顺槽及回风顺槽超前段的支护及顶板管理，两巷超前段排水，乳化泵日常运行及维护，支架、单体、皮带自移机尾供压、喷雾泵运行及维护，对所辖范围内的设备维护检修及相关配件材料的下运、更换、回收，工作范围内电缆和电机的维护检修，工作面安全质量标准化创建工作。综采队管理人员工资结算公式为：

区队管理人员工资 = 工人人均工资基数 × 计资系数 × 安全生产考核系数

区队办事员工资执行区队管理人员工资结算办法，计资系数按 0.7 执行；当月产量完成奋斗目标，计资系数按 0.8 执行。

区队个人计分依据《"三工"并存动态转换实施办法》执行，工资按个人得分进行分配（个人得分 × 当月分值 = 基础工资 + 岗薪工资 + 计件工资）。

第6章 打造了一支全面预算经营队伍

6.1 打造了一支敢于担当的决策队伍

6.1.1 敢于担当

敢于担当，是管理者，特别是中层管理者必须具备的基本素质。敢于担当，就是坚持原则、认真负责，面对大是大非敢于亮剑，面对矛盾敢于迎难而上，面对危机敢于挺身而出，面对失误敢于承担责任，面对歪风邪气敢于坚决斗争。担当是一种精神、一种修养、一种责任、一种追求、一种境界。

任何企业的管理制度都不可能是完美无缺的，陕北矿业的基本建设管理也一样，也是一个逐渐完善的过程。在这一过程，制度和程序上的"漏洞"为一些人提供了"奶酪"。如果没有担当精神，一些人就可能变"漏洞"为"机会"，获取不正当利益。敢于担当，是陕北矿业各级决策者必须具备的基本素质。敢于担当，就是坚持原则、认真负责，面对大是大非敢于亮剑，面对矛盾敢于迎难而上，面对危机敢于挺身而出，见图6-1。

6.1.2 敢于决策

"敢"即勇气。勇气让人远离恐惧和焦虑，也能把不利情况下藏而不露的优秀品质表现出来。人类历史表明，没有勇气社会就不会有今天这么大的进步。煤炭企业基本建设管理也一样，传统的计划经济式、粗放式、低效率的管理方式和方法以及既定的利益格局是阻碍企业进步的最大障

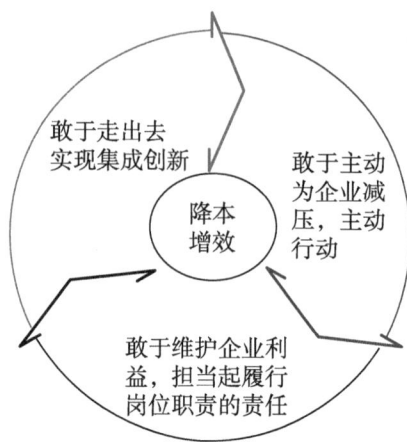

图6-1 陕北矿业全员预算之敢于担当

碍。如果没有勇气，再好的制度只能是摆设；没有勇气，面对有损企业利益的行为，只能"明哲保身"或者"睁一只眼、闭一只眼"，以求相安无事；没有勇气，就不敢大胆创新，只能固守藩篱。勇气对于一个企业，何等重要，特别是对于陕北矿业这样一个从"部队办矿"转变过来的企业，更是值"万两黄金"。也只有具备了决策、担当、变革和执行的勇气（见图6-2），才能确保陕北矿业基本建设管理目标的实现。

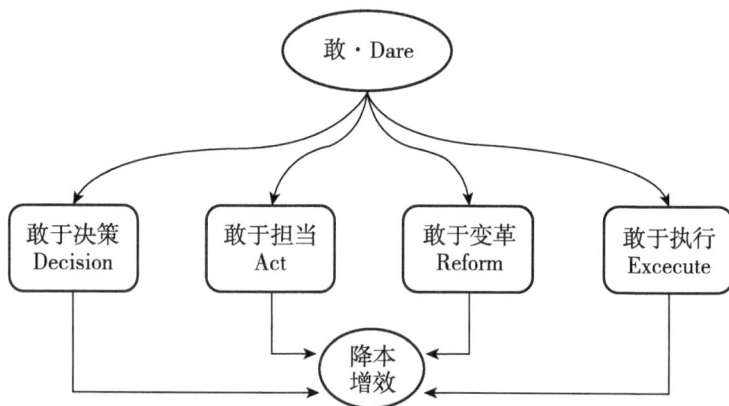

图6-2 陕北矿业基本建设"敢·Dare"文化

企业文化就是在企业哲学指导下的共同价值观体系。煤炭企业基本建设过程其实就是处理内外矛盾的过程。基本建设过程中，不同主体的价值取向如何协调是基本建设管理文化的核心功能所在。搞好基本建设管理文化的建设，具有"道生一，一生二，二生三，三生万物"的境界。由于陕北矿业公司前身为军转企业，部队的光荣传统和优良作风是陕北矿业建设煤炭基本建设管理文化的宝贵源泉。

敢于决策是陕北矿业基本建设管理文化的首要内容。美国管理学家和社会科学家赫伯特·西蒙（Herbert A Simon）早在20世纪40年代就提出了决策为管理首要职能的判断。基本建设的过程实际上就是由各种决策构成的链条，需要管理者做出符合企业自身利益的选择。因此，陕西矿业基本建设首先在敢于决策上找突破口。例如，面对安山煤矿采掘接续紧张的情况，公司及时增设了生产服务分公司综掘二队和聘请了外委掘进队，有效缓解了采掘接续；面对煤化工项目民营股份经常扯皮掣肘的困境，公司对煤化工项目民营股权毫不犹豫地采取果断措施，进行了全资收购，变混合所有制企业为国有独资企业，并及时完善了组织机构，提出了"全民所有，民营经营"的经营思路，理顺了管理流程，提高了决策效率和执行力，保证了项目建设的继续实施。

陕北矿业在"敢于决策"上实现了以下四个方面的"敢"，见图6-3。

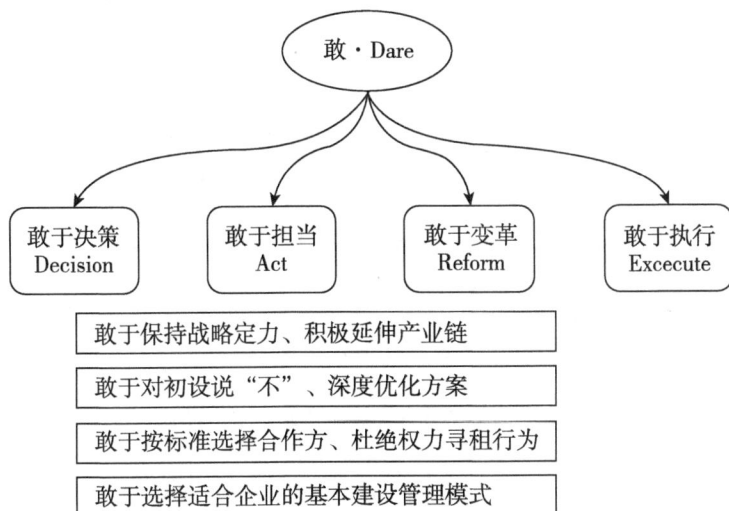

图6-3 陕北矿业基本建设管理文化——敢于决策

一是敢于保持战略定力、积极延伸产业链。在巨大的行业不确定性面前，坚持发展煤炭主业的战略定力是陕北矿业一切问题的出发点。这主要是基于以下几个方面的原因：一是在煤炭企业发展生产过程中，基本建设是扩大再生产的主要手段；二是随着煤炭产业、安全管理和技术的升级，煤炭改扩建项目投资将会增加。自 2006 年以来，全国煤炭投资累计完成3.6 万亿元，累计新增产能近 30 亿吨，见图 6 - 4。其中，"十二五"期间累计投资 2.35 万亿元，年均投资近 5000 亿元；三是为了充分利用闲置产能，国内在生产运营管理方面具有优势的企业将会"走出去"，特别是在"一带一路"沿线国家进行投资；四是尽管目前煤炭市场呈疲软态势，但是在煤炭清洁化技术得到较好解决后，煤炭作为一种廉价的清洁能源，其需求量将会得到增长。

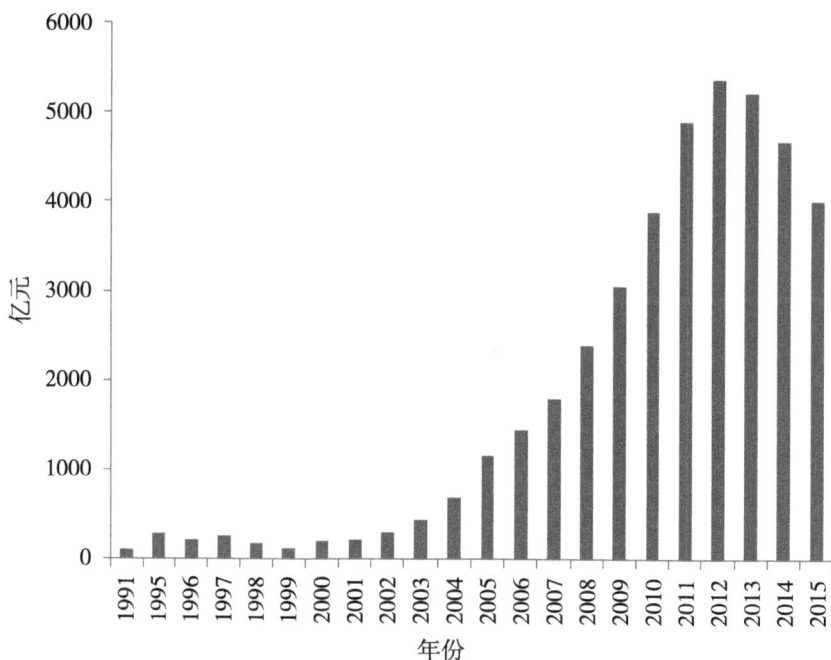

图 6 - 4　煤炭开采和洗选业固定资产投资

对于陕北矿业而言，转型升级就是要实现煤炭、煤化工和煤电生产从粗放型向质量效益型转变，推动公司全面、协调和可持续发展。具体点说，转型升级就是在做强煤炭产业的基础上，做好煤化工项目，建立循环经济体系，实现产业格局由以煤炭为主向煤基多元化及产业高级化转型。国富炉长焰煤工业化应用放大项目就是陕北矿业转型升级的重大布局。该项目将于 2016 年 10 月建成并进行试验。

二是敢于对初设说"不"、深度优化方案。正如前文的分析，初设直接关系到项目投资成本和建设进度。陕北矿业在基本事实和认真研究的基础上，敢于拒绝设计单位提出的设计方案。例如，韩家湾在实施井下避难硐室内部装饰时，针对设计方案公司审查时认为方案虽然美观但很不经济，并对方案进行了修改，最后该项目造价由 325 万元调整为 80 万元。

三是敢于按标准选择合作方、杜绝权力寻租行为。对于造价不小于 200 万元的工程，严格按集团公司规定通过招标确定施工单位。对于造价小于 200 万元的工程，建设单位可推荐现有的信誉好有实力满足施工要求的施工单位，进行内部招标/比价，通过制度和机制创新坚决抵制各种关系"公关"。

四是敢于选择合适企业的基本建设管理模式。一些员工认为煤炭企业基本建设管理具有共性，内容也大同小异，没有必要搞自己的建设管理模式。殊不知，个性往往才是差异化的前提，也是决定成效的核心因素。陕北矿业敢在共性面前想到树立自己的基本建设管理模式，本身就是一种突破。有了这种突破，陕北矿业坚持问题导向，用富有成效的具体措施打造了基本建设"12511"管理模式。

6.2　打造了一支精打细算的管理队伍

6.2.1　会算账

在成本费用管理中，能否有一支自觉遵守财务纪律，坚持"精打细算、斤斤计较"，将每一分钱都"攥出水来""拧出油来"的队伍是全面预算管理的重要保障。在这一点上，陕北矿业突出的就是"会算账"，公司算利润，部门或科室算工资总额，区队算岗位价值，见图 6 - 5。

公司算利润	部门/科室算工资总额	区队算岗位价值
韩家湾煤炭公司 原煤产量：450万吨，权重为45% 累计完全成本：105元/吨，权重为30% 洗块煤：135万吨，权重为15% 掘进进尺：15000米，权重为10% 挂钩考核指标：煤质	区队工资结算 综采队以回采产量进行工资结算 机运队以原煤拉运量进行工资结算 运输队以矿井产量进行工资结算 通维队、机修队以矿井产量结算其工资总额的80%，剩余20%的工资总额根据生产计划安排，对其工作量进行考核结算 销售部以煤炭销量进行单价结算 洗煤厂以洗出精煤量进行单价结算	岗位价值 根据工作性质、工作任务、占用设备、消耗材料、配件等情况，对区队每个岗位进行评估和分类区队划分为25个精细化管理岗位，72个工种类别，每个工种依据技能等级划分五个级别

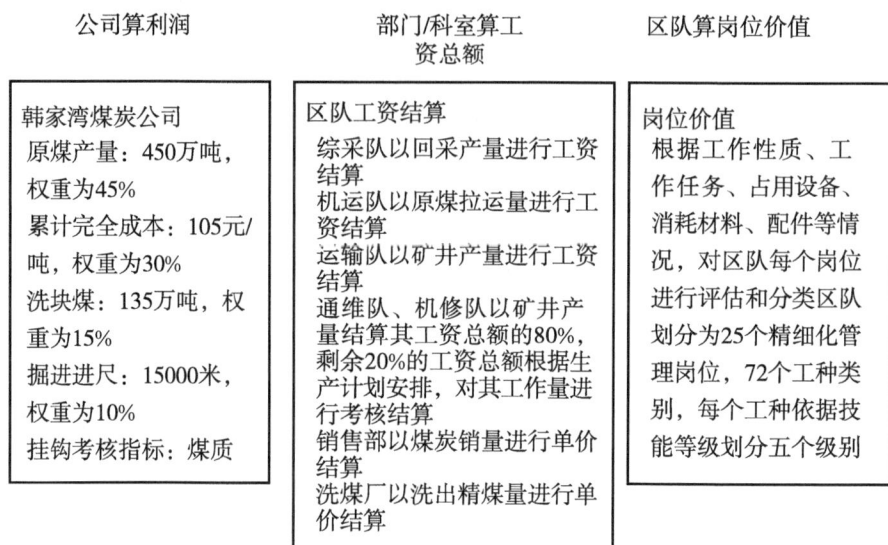

图 6-5　陕北矿业的"会算账"

6.2.2　岗位价值核算

岗位价值管理是指在企业内部引入市场机制的同时，把企业中若干人群组成的价值实体（岗位）作为一个单元进行核算与管理的方法。煤炭企业开采作业环境以及开采方法决定了企业管理难度高于一般制造企业，生产管理呈现出隐蔽性、突发性、高风险和时空性等特点。在煤炭企业生产管理中，岗位管理直接决定整个生产管理的水平和效果，也是企业价值增值的源头。

煤炭企业岗位价值管理是指在煤炭企业生产层面，立足区队生产管理环节，突破传统的生产班组组织核算和管理边界，基于专业化和模块化经营原则，将各个区队根据工作性质、工作任务、占用设备情况、消耗材料和配件情况划分为不同岗位，并将岗位作为最小的"经营主体"，按照"班组完成作业，作业消耗资源，资源归口岗位，岗位创造价值，价值驱动员工"的内在逻辑和原理进行区队生产经营管理和价值核算的一种管理体系。

岗位价值的实现路径见图 6-6。

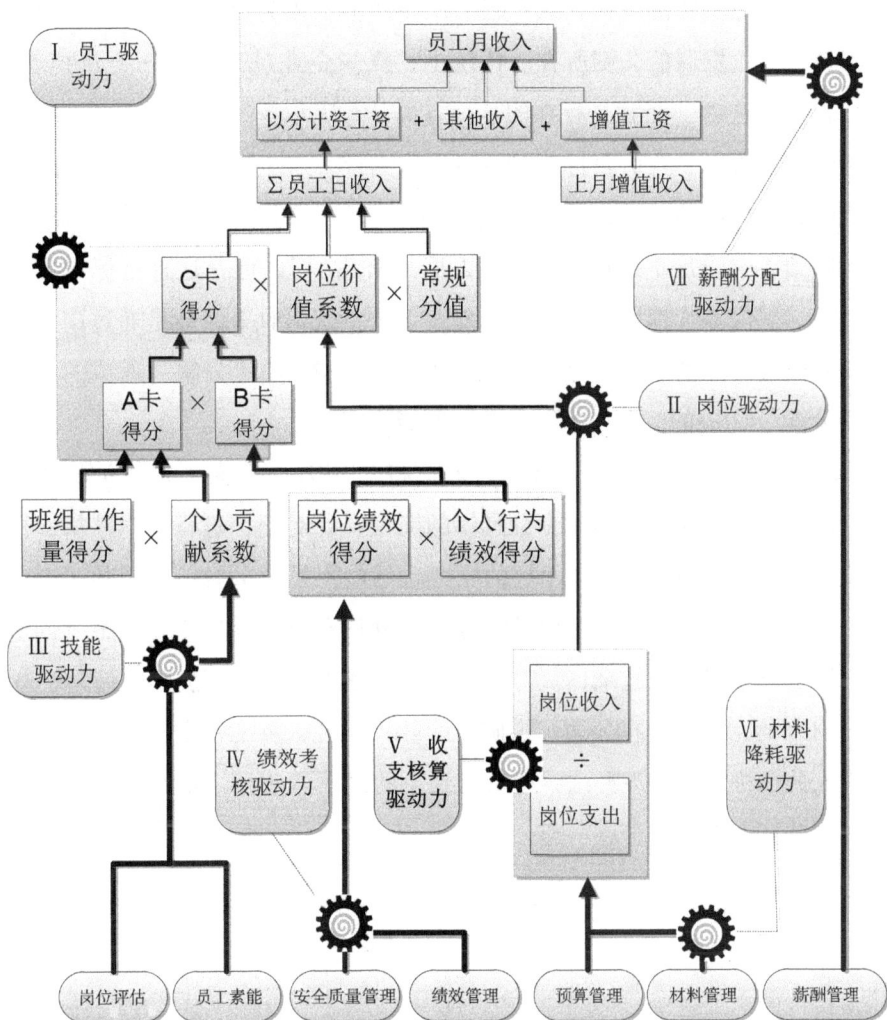

图 6 – 6　岗位价值增值的实现路径

6.3　打造了一支创造价值的职工队伍

6.3.1　逆向耦合

在市场竞争日趋激烈下，企业如何将经营压力和市场压力传递给每个岗位员工，把员工的责权利统一起来，并使员工成为价值创造的主体是企业实现可持续发展的关键所在。传统上，煤炭企业员工的"压力承担者"和"价值创造者"是独立存在的。一方面，员工承担的"压力"是企业运用全面预算管理、全员目标管理、绩效管理 KPI 指标体系等纵向"分解"而成的，从煤矿到区队，从区队到班组，从班组到岗位，从岗位到员工，似乎做到了"千斤重担众人挑、人人肩上有指标"，但是这种指标对于员工来讲，仅仅是管理层面的；另一方面，员工获得收入，却是通过岗位工资制度或者平均主义原则等"分配"而成的。这样，"分解"而成的目标与"分配"而成的工资，都不是员工所能决定的。

陕北矿业通过岗位价值管理有效地将"压力承担者"和"价值创造者"统一起来。第一，通过划分具体的岗位，并对岗位进行独立核算，让岗位成为真正的市场主体，承担的压力自然就不是"分解"形成的了，而是主动追求的；第二，采用按量计分、以分计资分配办法，收入跟所创造的岗位价值紧密结合起来，获得的收入不再是"分配"而成的，而是"创造"出来的；第三，在公司、煤矿、区队、岗位、员工每个层面，通过创新收入分配机制和管理办法，将从上到下的经营管理压力链和从下到上的价值创造链有效地耦合在一起，见图 6-7。

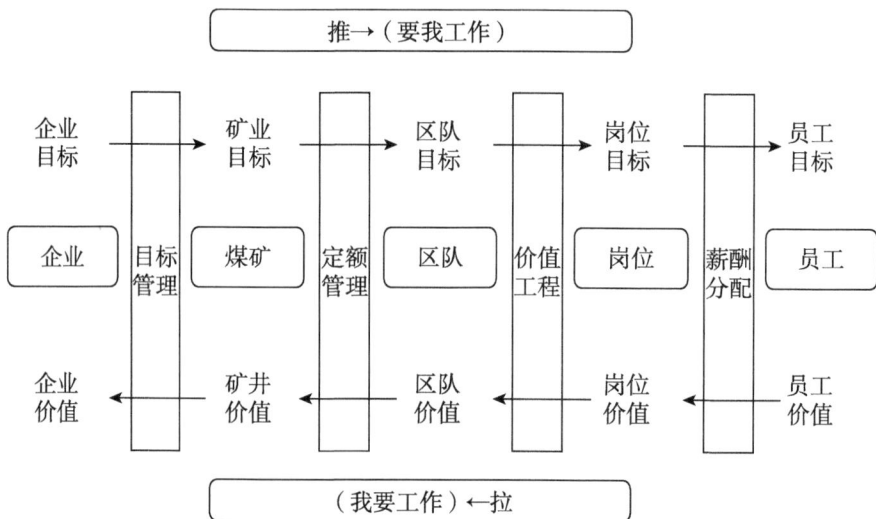

图 6-7　企业经营管理压力链和价值创造链

对于煤炭企业生产管理而言，岗位增值的实质就是成本控制，把企业成本的计算深入到岗位层次，通过岗位层次的控制，在内部市场的分配机制、竞争机制、利益机制、风险机制和绩效考核机制的作用下，实现降本增值。当岗位实现了增值，在按量计分、以分计资分配办法下，员工自然也实现增收。由于每个岗位的效益组成矿井的经营效益，岗位价值管理则将经营者承担的压力转移到各个岗位，也将生产和经营紧密结合，真正促使企业由生产型向经营型、效益型转变。

只实现员工增收、岗位增值、矿井增效还远远不够，企业发展的根本在于是否拥有一批高素能的员工。陕北矿业在岗位价值管理中全面导入全员素能管理，素能高的员工在岗位工作量分配中能获得更多的工作量，这就无形之中形成了一种倒逼机制。只要你认为你的技能提高了，你就可以申请技能评定，这种"赛马机制"促使人人比技能。员工的技能才是企业价值增加的原动力，也是企业提高发展能力的关键所在。因此"员工增收→岗位增值→矿井增效→企业增能→员工增收"形成了一个闭环持续增值模式，实现了多方共赢。

6.3.2　内部市场化

岗位价值管理是指在企业内部引入市场机制的同时，把企业中若干人群组成的价值实体（岗位）作为一个单元进行核算与管理的方法。在这一点上，陕北矿业突出的就是"内部市场化"。

公司在内部核算方式上可以实行三级市场主体运作，一级是公司机关各职能部门和科室，二级是班组，三级是岗位。

内部结算体系突出以"材料供应，设备租赁，设备维修，内部运输，劳务结算"为五大项目的内部市场要素。

内部市场价格种类主要有：①编制价格，②市场价格，③协议价格，④现场写实价格，⑤竞标价格。

第7章 趋势与对策

在新时代下，面临日益严峻的外部环境，对于任何煤炭企业来说，"开源"和"节流"都是企业发展过程中所面临的关键问题。开源主要是指企业要转型发展即发展新业务和新经济增长点，而节流则主要是企业的成本控制，而对成本控制效果起决定性作用的，则是企业全面预算管理。全面预算管理应当以企业现有资源为前提、以市场经济环境为指导方向，实时调整，以面对环境变化给企业带来的威胁。本章首先分析了全面预算管理的发展趋势，然后结合陕北矿业实际，提出了针对性的对策。

7.1 趋势

7.1.1 预算控制更精确

预算编制完成后，一经下达执行，就要进行预算的控制。在现有的预算管理模式下，由于缺乏有效的数据共享平台，预算管理的各个环节都通过手工编制和人工信息传递，不能及时进行控制，容易造成预算执行与实际情况发生偏差，严重影响预算效果。在内部资源共享的情况下，企业应仔细分析所处的内外部经济环境。根据历史数据，对新会计年度的有关项目做出预测，并在执行过程中进行严格控制。

在云会计环境下，所有预算项目都应提交预算申请流程，经相关负责人审批后在云端储存。同时，在预算执行过程中，由于政策法规、经营条件或市场环境等发生变化，导致预算执行结果产生重大偏差的，可以在不偏离集团发展战略和年度预算目标的前提下，编制预算调整方案，审批后调整的预算数将自动在云端修改和存储，从而形成有效控制。

　　作为企业管理的重要内容，预算管理需要企业定期对预算执行情况进行分析和总结。企业希望从大量数据中抽丝剥茧，进而优化经营管理。但是，这些数据统统都是已经形成的事实，即使经过整理，最后还得凭借个人经验来进行预算分析。换言之，企业当前的预算分析模式是以"事后分析来做事前的预测"。

7.1.2　定额标准更柔性

　　根据第 1 章论述，编制定额是煤炭企业全面预算管理的起点。定额管理质量直接影响预算精度。很多煤炭企业在编制预算的过程中往往对相关影响因素把握不足，都是根据既往经验和上年度收支情况，经过简单测算形成的，并且有的煤炭企业甚至在下达指标计划的时候还是简单按季度、按月度下达，后期经常性出现追加预算的情况。

　　煤炭企业在定额编制的过程中，应当有进一步提高定额标准的前瞻性和科学性。一是在定额标准确定之前，应当积极深入市场，广泛开展相关调研工作，详细、准确了解一系列对成本支出有重要影响的要素的行情变化，比如人工成本、设备租赁成本、煤矿加工辅助材料成本以及银行利率变化等，并且要积极和能源主管部门进行沟通交流，了解相关政策变化，在全面把握相关影响因素的基础之上，确定预算编制的大概依据。二是在定额标准确定过程中，要加强和相关部门的沟通交流，详细了解各部门、各环节年度生产经营的具体情况，同时在定额标准确定后，也要和部门进行对接，做好定额标准的分析论证工作，提高预算的科学性。三是在下达预算指标计划的过程中，应当要充分考虑生产周期、生产规模阶段性变化等因素，做好指标计划合理下达。四是及时注意相关行业和主管部门对相关标准的修订工作，及时采纳最新的定额具体标准。五是定额标准更加弹性化，注重一定的变动幅度以适应相应的变化。

7.1.3　战略意图更明确

　　随着经济的快速发展，传统的预算管理已经不再适应当前的需求，加之信息化特征显著，这便要求我们必须从一个宏观的角度去看待整个企业的长远发展，我们需要全面落实企业的战略愿景，从而达到对企业长短期利益目标的兼顾。此时便需要引入战略地图，战略地图由财务、客户、内部流程、学习和成长四大层面组成，财务是结果，学习和成长是最基本的驱动因素，四大层面通过一条因果关系联结在一起，每一层面都要表明该层面中最重要的战略目标以及与其关键驱动因素之间的联系。企业进行全面预算管理的主要目的是为了实现人力、物力、财力资源的有效、合理配置。全面预算管理是帮助煤炭企业实现既定长远战略发展目标的重要台阶。因此，煤炭企业实施全面预算管理就是为企业战略发展目标的实现而服务的，预算的内容、预算的目标、预算的具体实施过程，这些是实施全面预算管理的有机载体。只有融合了战略导向的全面预算管理才具有一定的可操作性。

在未来的发展上企业将逐渐用基于战略导向的预算管理取代传统的预算管理。同时，随着网络的迅速崛起，企业业务量以及信息使用量大量增加，这时完全依赖人工从财务系统中去提取数据进行加工处理已经不能满足企业的需求，企业需要建立一个专门的预算管理系统，进而通过这个平台进行预算编制整个过程的操作。企业可以通过培养具有高素质的预算管理信息化人才，加大对于信息化建设的投入，提高企业内部信息化工具的使用程度等方法来加强企业内部高质量的信息化建设。

7.2 对策

7.2.1 要把机制创新放在首位

机制问题始终都是企业经营管理的首要问题。机制活，一切活。在任何一个系统中，机制都起着基础性的、根本的作用。对于一些不适宜的制度、做法要敢于打破、敢于推翻，只有敢于"破"，才能建立新制度、新机制。模式能从根本上解决结构问题，好的模式既能在既定资源下实现"旧瓶装新酒"和焕发出蓬勃生机，也能盘活现有资源潜力，实现乘数效益。

企业通过对预算机制的优化可以缩短预算制定周期，较短的预算周期不仅可以节省财务部门的成本，也可以降低每一个制定预算的业务单位的成本，同时又不会影响企业的核心增值业务以及预算的质量。预算机制的优化包括预算编制机制、预算执行机制、预算分析机制、预算调整机制、预算考评机制，等等。

7.2.2　因地制宜、因企制宜、因事制宜

陕西省主要煤炭资源可分为五大煤田，即陕北侏罗纪煤田、陕北石炭二叠纪煤田、陕北石炭三叠纪煤田、渭北石炭二叠纪煤田和黄陇侏罗纪煤田，五大煤田煤炭资源量占全省煤炭资源总量的99.9%以上。陕西煤业股份有限公司在这几个煤田都有企业，在煤层、煤种、煤质、安全条件上都有差异。

现在陕西煤业股份公司正在推行的《煤矿定额编制框架》《煤矿业务量预算表》《管理费用包干标准》《支出预算表》千万不能"一刀切"，要因地制宜、因企制宜、因事制宜。

因地制宜、因企制宜、因事制宜等不是随意而为，而是在允许的范围内确定自身的标准。这就需要集团公司制定若干操作指南手册，来规范和指导定额编制工作的开展，不能让下属单位各搞各的，最后只是一个个的"文件汇编"。

如果要把这些工作做到位，工作量是十分巨大的，不可急于求成，不能以完成任务为导向，要把这些工作的收益评价权下放到基层单位，让基层单位来评价工作成效，成熟一个用一个。

7.2.3　专项资金要算好、管好和用好

专项资金是企业生产经营中的一笔巨额资金，其使用和管理的好坏，关系到企业自我发展能力、自我改造能力和应变能力。在此意义上讲，专项资金计划在企业生产经营中的地位不亚于其他各项计划，要"算好""管好""用好"。

"算好"就是用足国家和行业相关政策，把握好计提的比例。

"管好"就是要强化专项资金的立项工作。在立项时要慎之又慎，必须建立在效益、市场的基点上，否则全盘皆输。

"用好"强化专项资金的设计工作。严格方案和施工图以及会审工程预算管理。设计上的合理是对投资的最根本节约，设计部门一定要对重大技改项目坚持先可行性研究后设计；设计必须以投资控制额为限度，凡设计深度不够或超出设计投资控制额的要推倒重来，变过去投资跟着设计"跑"为设计围绕投资"转"。

7.2.4　要化繁为简和抓住关键

预算机制的设立应贯彻成本效益原则，过于复杂和烦琐的预算管理机制将大大降低预算编制和管理人员的积极性和预算的可操作性。相反，降低预算的复杂性和周期将大大降低预算制定所需的时间和成本，并降低对企业正常经营所造成的影响。

墨菲定律说："把事情变复杂很简单，把事情变简单却很复杂。""上面千条线，下面一根针"，制度要讲求简单实用，否则基层管理者将无从下手。

"简单化管理"，就是紧扣"管用"这一核心，制定的各项措施符合实际情况，简单易行，抓住了要害和精准到位（体现为管理提升是抓住薄弱环节和突出问题，而不是全面开花），能用一句话说清楚的绝不用一页纸。简单化管理不是单纯的"少"，而是"管用"和"可操作性"。简单化管理的实质是在掌控了事物本质的基础上，以效率和效果为出发点，追求用最简洁、最直接、最有效的方式解决问题的管理方式。

因此，尽管全面预算管理需要一些专业技术和计算方法，但一定要化繁为简和抓住关键。化繁为简就是推行简单化管理。在这一点，陕北矿业在基本建设管理上的经验值得探讨。

陕北矿业原来的《基本建设管理制度》非常详细，厚厚 20 多页。但执行起来却存在诸多不明确的地方，见表 7 - 1。

表 7 - 1　原《基本建设管理办法》存在问题分析

原《基本建设管理办法》	存在问题分析
概况：分 7 章共 26 条	含计划的申报、审批，方案的审定和工程设计，招投标与合同管理，工程管理，工程竣工验收等，全面但重点不突出，没有抓住重点
第三章　方案的审定和工程设计关于方案的审批如下： 第六条　基本建设项目的设计方案委托有资质的咨询公司审查，总工程师审批 第七条　单项工程的设计方案由基建部组织相关部门审查，总工程师审批	从方案编制到审定，缺乏专人负责和反复推敲。往往方案还不成熟，就匆匆忙忙上会，参加会议的人多数会前对方案不了解，会上无法表态。有些人碍于情面，不愿意提不同意见。有些项目的方案甚至是施工单位从自身利益出发编制的
第八条　单位工程造价在 300 万元以上的，由基建部审批；300 万元以内的单位工程及分部分项工程由建设单位审批	存在两个问题，一是权力过于下沉，不利于企业整体控制工程规模；二是审批权限没有进一步得以明确
第十条　工程设计由建设单位根据审查意见委托并签订合同	含混不清
第十一条　方案审查和图纸会审要有会议纪要，因方案审查和图纸会审不认真给公司造成的损失，要追究相关人员的责任	规定过于主观，什么是"不认真"以及"追究什么样的责任"，缺乏相关制度"接口"，导致该制度缺乏可操作性
第四章　招投标与合同管理	企业有《招投标管理办法》，没有必要再行规定
第五章　工程管理分开工报告审批、工程进度管理、工程质量管理、安全管理、信息管理和造价管理进行规定	该部分尽管很全面，严格按工程管理的环节和步骤进行规定，但是却对公司存在"三无工程"、职责权限不明确、预算管理薄弱、工程变更随意等属于陕北矿业的"个性问题"缺乏针对性

续表

原《基本建设管理办法》	存在问题分析
第二十一条　造价管理 （一）定额及取费标准 （1）定额执行：定额选用由基建部根据国家有关规定确定。工程预算以清单计价为主，20万元以下的小型工程可采用定额计价。矿建及设备安装工程执行2007年煤炭定额及其配套的取费文件和计算规则；土建及园林绿化工程执行2009年《陕西省建设工程工程量清单计价规则》《陕西省建设工程工程量清单计价费率》《陕西省建筑、装饰、安装、市政、园林绿化工程价目表》《陕西省建设工程施工机械台班价目表》、2004年《陕西省建设工程消耗量定额》，若有变动，公司另行确定 （2）所有工程预决算不计取定额测定费用和劳保统筹，两项费用由建设单位统筹统交	这部分存在以下问题： （1）没有给出具体的定额选用标准，例如土建、园林绿化工程的标准是什么，修缮项目的标准是什么，井巷及设备安装工程的标准是什么都没有明确规定 （2）主材价格与调整范围没有明确规定 （3）原制度中的"施工单位向建设单位递交的预结算必须全面真实。若核减价超过所报的预结算价的10%，核减费（核减价的5%）由施工单位承担，并在工程款中扣除"在实践中不具有操作性 总之，这部分管理制度简单是简单了，却不"管用"，没有抓住关键
第二十一条　造价管理 （二）预算管理 （1）公司矿、土、安工程预算由基建部负责审批。金额较大、工艺复杂的工程预算由基建部委托有相应资质的造价公司审核 （2）单位工程造价在10万元（含10万元）以上的预算要报基建部审批；费用低于10万元的小型工程，由各单位自行审查。公司基建部抽审	这部分存在以下问题： （1）没有明确预算管理权限 （2）没有明确预算员的职责，过去把预算员都当作内业人员。甚至预算员也认为预算应该坐在办公室编，工程量照图计算，子目和取费照定额套，材差按信息价计，不需要再费什么心 （3）"各单位自行审查"和"公司基建部抽审"的规定是导致企业项目管理混乱的重要原因

　　2013年，基建部根据简单化管理原理，分别制定了《基本建设管理补充规定办法》《工程预算审批管理办法》《井巷工程风、水管路施工管理办法》《工程预算定额选用管理办法》。例如，新制定的工程管理办法为：

第三条　公司规范建设程序，杜绝"三无"工程。

各单位要严格遵守集团公司及陕北矿业公司的基本建设管理程序，严禁无计划、无资金、无合同工程开工。否则，财务部不予安排资金计划，公司对建设单位（公司所属单位及控股单位的统称，以下同）的责任人进行问责。项目实施流程见附表1。

第四条　公司明确职责权限，强化预算管理

（一）公司基建部负责全公司的预算管理。

（二）定额选用、取费标准、执行文件及主材价格由基建部统一负责并报公司班子会研究确定，任何单位和个人不得随意调整。

（三）项目实施方案确定后，建设单位要根据审定的方案和设计编制预算。造价在20万元以内的预算建设单位内部审定，报公司基建部备案；超过20万元的预算须报基建部审核。上报预算一式两份，含电子版。

（四）建设单位没有能力编审的预算由公司基建部统一委托造价事务所编审，并负责费用结算，建设单位不得自行委托。新开大型基建项目，预算编审费由建设单位支付，其余专项及自筹资金项目的工程预算编审费由公司统一支付。

（五）造价事务所由公司通过相关程序选定，造价服务合同由基建部审核，公司法律事务室审定。

第五条　加强投资控制，严格工程变更签证管理

（一）所有工程变更必须按程序审批，涉及结构和工艺的变更需经设计院审批，建设单位同意后方可实施。变更签证当月必须审批备案，最晚次月要履行手续，否则变更无效。

（二）小于5万元的单项变更由建设单位、监理单位签字后实施。大于5万元的单项变更报基建部组织相关部门审查同意后方可实施。所有工程变更与现场签证，必须按程序办理，要建立台账，每一项变更签证都要说明变更产生的原因、背景、时间、工程部位、提出单位及参与审核人员。对于工程变更与现场签证应进行一单一算，及时确认工程量和造价，避免结算时相互推诿扯皮。竣工结算

时审定的变更造价与合同价汇总作为工程结算价。基建部要对变更签证随时抽查，发现问题及时纠正，必要时建议有关部门对责任人予以处罚。

......

一是大大简化了管理制度的内容，把通用的、共性的、常识性的内容直接拿掉；二是在简化的同时，对关键性的控制环节进行了细化和制定了相应的控制标准；三是充分利用企业已有相应规章制度以及有国家和行业规定，直接给出制度衔接"接口"，避免了管理制度"大而全"却不切中要害的弊端，见图7-1。

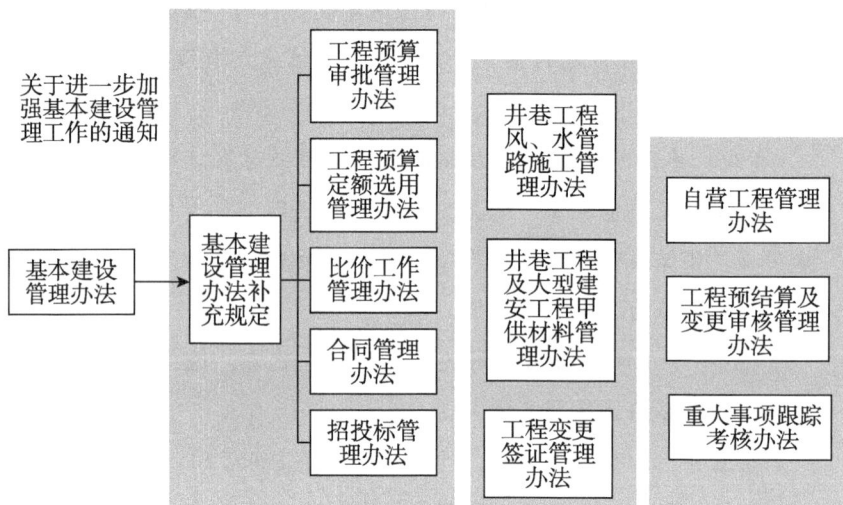

图7-1　陕北矿业基本建设管理演变

简化流程。流程的繁杂会带来管理低效。2013年以来，陕北矿业对企业管理流程进行了重新设计和梳理，明确了各个节点的管理要求和标准。这部分内容在流程化管理中将进一步阐述。

简化层次。第一，对管理层次进行简化，实现了组织机构的扁平化。组建了以掘进、联采、机电安装、搬运为主要服务功能的生产服务分公司；成立了物资供应中心，各二级单位不再设立类似的物资供应机构。第二，对人员进行了简化，尽量减少机关职能部门科室人员配置，充实基层单位人员数量。第三，简化管理权责体系层次，避免权力过于下沉带来的管理失控行为，将权力进一步向上集中。

7.2.5 预算要有弹性，推行弹性预算方法

企业可以根据不同的预算项目，分别采用固定预算、弹性预算、增量预算、零基预算、定期预算和滚动预算等方法编制各种预算，将一种或几种预算编制方法予以整合，形成最适用改进和完善煤炭企业全面预算管理的方法。现在的煤炭企业预算方法主要是增量预算、零基预算、定期预算和滚动预算，很少用弹性预算方法。

弹性预算是在按照成本（费用）习性分类的基础上，根据量、本、利之间的依存关系，考虑到计划期间业务量可能发生的变动，编制出一套适应多种业务量的费用预算，以便分别反映在不同业务量的情况下所应支出的成本费用水平。该方法是为了弥补固定预算的缺陷而产生的。编制弹性预算所依据的业务量可能是生产量、销售量、机器工时、材料消耗量和直接人工工时等。

弹性预算的优点表现在：一是预算范围宽；二是可比性强。弹性预算一般适用于与预算执行单位业务量有关的成本（费用）、利润等预算项目。

企业应设计有弹性的预算，并及时对差异进行分析调整，从而能够更好地对市场的变动做出迅速的反应，使之能够适应变换的需求，如设计多情境预算等。

通过制定适应变化需求的预算，业务单位或部门可以更快速、更精确地对业务条件的变化做出反应，有效降低其对企业整体绩效的负面影响；企业的管理者可以通过制定适应变化需求的预算，消除不可预见因素对预算的影响；企业高级管理层可以通过及时告知利益相关者有关企业战略和策略的变化，增进和利益相关者之间的信任度，并确保自身了解企业长远目标的可实现性。

陕北矿业预算编制方法，见图 7 - 2。

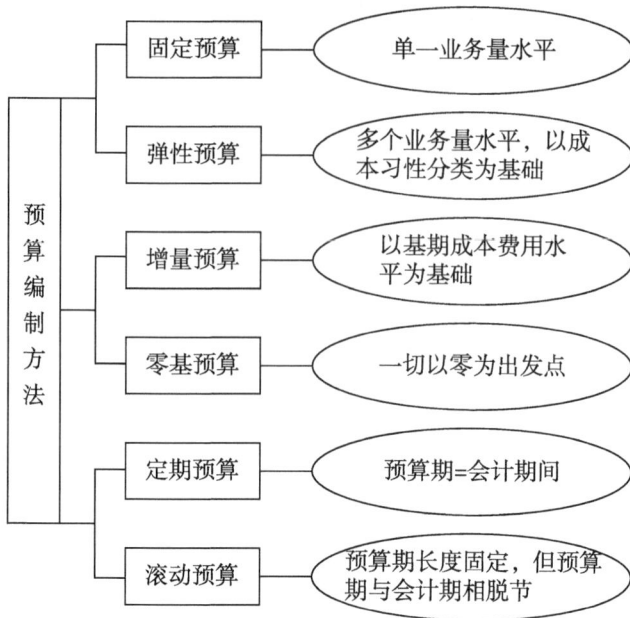

图 7-2 预算编制方法

7.2.6 预算经营过程要注重沟通与考核

编制得再好的预算，如果没有有效的执行与严格的考核，它就会流于形式。因此，必须重视预算的沟通、反馈与考核，它是全面预算目标得以全面实现的有效保障。

沟通、反馈在全面预算管理中起着非常重要的作用。对于全面预算执行过程中发现的偏差，预算管理部门应及时与相关部门进行沟通反馈；对预算偏差形成的原因进行深入的分析研究，必要时协助其对预算进行修订、补充，使其更加符合企业的实际情况。

预算考核是全面预算管理中极其重要的环节之一，如果预算的指标或者考核方式不符合企业的实际情况，预算可能会起不到应有的作用，甚至会起反作用。

预算一经确定，企业各部门在生产经营活动中必须严格按预算办事。企业的预算管理部门，应根据实际情况按季、分月滚动下达预算任务，建立健全预算执行情况分析会等例会制度，定期对预算执行情况进行反馈、分析与考核，以提高全面预算管理的控制力和约束力。同时应将考核结果与企业员工的激励、晋升有机结合，促进企业总目标的实现。

　　为了有效地推进预算考核，企业应将内部各部门细分成不同的责任中心，建立健全责任会计体系。同时，全面预算管理绩效评价需要以完善的指标体系为支撑，企业应针对不同的责任中心设计不同的考核指标。指标的设计应力求科学、完善，应该能全面反映公司的实际运行情况与员工的工作业绩；可以有效控制企业资源的配置并激励员工，同时要能使各责任中心的目标与企业总目标一致，引导各责任中心向企业总目标努力。

7.2.7　预算经营要信息化、共享化和互联网化

　　信息化管理系统能够促使企业系统高效地利用各种信息，使其内部信息的使用效率达到最高。现在，集团公司下属各公司的预算管理基本上还停留在手工计算和 Excel 表格阶段。用 Excel 编制预算具有以下缺陷：一是难以实现各个部门的有效参与和数据共享；二是 Excel 缺乏权限管理功能，在预算的安全性和保密性方面有严重缺陷；三是很难通过 Excel 实现企业预算以外的其他预算管理工作。分散建立预算管理系统还是集中建立，需要充分论证。建立全面预算管理信息系统有以下优点：一是可以对预算调整进行实时更新。由于预算表格之间存在数据联系，预算调整后，信息系统可以及时根据固定的数据关系对预算相关内容进行调整。二是可以及时获得预算执行数据。三是可以实现实时控制。四是查询分析方便。由于计算机数据处理速度快、数据分析能力强，企业可以方便、快速地输出各种预算表和预算财务报表以及各种预算差异分析、预算进度分析表等。

　　共享化就是在集团层面共享预算管理的基础数据，例如定额管理数据及方法可以共享、基础数据可以共享、测算程序可以共享，这可以极大地降低预算管理实施的成本。根据企业开展全面预算管理的具体情况，可以把全面预算管理信息系统划分为存货预算、生产预算、制造成本预算、产品成本预算、销售预算、期间费用预算、财务报表预算、现金预算、责任中心考核和管理、预算对比与分析等子系统。建立该系统便于企业查询分

析数据，便于适时更新预算调整，可以及时获得预算执行数据，实现实时控制，基本克服了手工的一系列应用难题，可以实现数据共享，显著提高全面预算管理的应用价值。

在大数据时代即将到来，各行各业的数据资源呈现逐年上升的发展趋势，数据越来越复杂，规模也在不断扩大，企业如何从海量的数据资源中，挖掘出有效的数据信息已成为企业战略决策的重要因素。大数据云会计为优化企业全面预算管理流程提供了可能：一是在制定预算目标的基础上，可基于大数据云会计平台编制预算执行方案。二是在预算执行过程中，大数据云会计平台可实时进行动态更新，使得全面预算管理工作不再局限于预算后的控制，而是扩展到全面预算管理过程前的战略导向、预算管理过程中的差异分析，并实现实时监控、动态调整预算，以保证预算目标的实现。基于大数据时代对高质量数据信息的需求，企业需要利用先进的数据挖掘技术，从各层级、各部门中提取出对决策有利的关键信息，加大预算管理研究。

参考文献

李强林. 论陕西煤炭工业的可持续发展［J］. 煤炭经济研究，2002（9）：21－24.

李强林. 基于动态匹配的煤炭企业精细化管理模式［J］. 中国煤炭工业，2014（3）：68－70.

邹绍辉，李强林. 陕北矿业 3F 精细化管理［M］. 知识产权出版社，2015.

邹绍辉，李强林. 陕北矿业基本建设管理方式变革［M］. 知识产权出版社，2016.

赵永强. 如何构建煤炭企业全面预算管理体系［J］. 企业改革与管理，2018，341（24）：181－190.

吴昌秀. 企业全面预算管理［M］. 机械工业出版社，2009.

中国会计学会管理会计专业委员会. 我国企业预算管理的引进与发展——纪念我国改革开放 30 周年［J］. 会计研究，2008（9）：17－25.

冯巧根. 全面预算管理［M］. 中国人民大学出版社，2015.

方世力. 集团公司全面预算管理［M］. 中国宇航出版社，2012.

王志宇. 全面预算管理［M］. 南开大学出版社，2017.